教育による日本再興論

教育は人と社会と国の未来を決する

教育による日本再興論

教育は人と社会と国の未来を決する

伊藤奈緒

eisu COO（最高執行責任者）
教育研究者
大学受験指導者

IBCパブリッシング

教育による日本再興論　教育は人と社会と国の未来を決する　目次

序　章　私が、教育についてお話ししたいと思ったワケ……7
第1章　課題発見・課題解決ってそもそもどういうこと？……17
第2章　大学入試はこんなに変化している……33
第3章　非認知能力をどう育む？……59
第4章　「なぜ勉強しなくちゃいけないの？」にどう答える？……73
第5章　AI時代に必要な本質的な能力とは？……95

第6章　母国語リテラシーはどう磨く？……115
第7章　知識偏重は本当にダメなの？……137
第8章　プログラミング教育の目的はプログラマーを育てること？……153
第9章　これから身につけるべき英語力は？……173
第10章　これからの時代は学歴不問!?　中学受験は悪!?……185
第11章　家庭学習こそ学びの最終到達点!!……197
第12章　教育による日本の再興を！……213
あとがき……229

序章

私が、教育について
お話ししたいと
思ったワケ

エビデンスに基づく教育を

私は、三重県津市に本社を置く総合教育サービス企業、株式会社鈴鹿英数学院（「eisu」）で、大学受験指導に22年、うちＩＴ教育に17年以上にわたって携わってきました。また、同社のＣＯＯを務める傍ら、２０２２年まで三重大学大学院に在籍し、学術的な観点から教育について研究を行ってきました（博士課程前期修了）。

そんな私が大事にしてきたのが、自分の経験値だけに頼らず、科学的データやエビデンス（根拠）に基づいて思考し、語り、実践することです。世の中には教育に関する情報があふれていて、何が正しいのか、何を信じていいのかわからない……という声をよく耳にします。そして、そういった情報は、エビデンスがない発信者の「意見」や、数ある事例の一つに過ぎないことも多く、「科学的根拠のある事実」と「意見・一例」とは違うのだということを、最初に強調しておきたいと思います。

「がんばらなくていい」で本当にいい？

では、なぜ教育に関する情報がこんなにも氾濫するのでしょうか。それは、教育については、「1億総コメンテーター」と言われるほど、みんなが意見するからです。日本の公教育の水準は、世界的に見てもかなり高いと言えます。高校教育まで受けている人が多く、現在の教育とのかかわり方の違いはあれ、皆が教育の「経験者」として語ることができるのです。

それゆえ、個人の経験や感覚に依拠した多様な意見や情報があふれかえっているわけですが、その弊害は小さいものではありません。とくにマスメディアでは、バイアスのかかった情報が発信されがちです。読者が「自分にとって都合の良い情報」を得やすいように、全体の一部を切り取り、ときには色をつけて発信されます。その結果、「受験のための勉強は必要ない（子どもにとって良くない）」、「努力して高い学歴を得ることに意味はない」、「無理してがんばらなくていい」、「これからは好きなこと・楽しいことでお金を稼ぐ時代だ」、……といった風潮が生まれているように感じます。

でも、本当にそれでいいのでしょうか？　人生の楽しさを本当の意味で味わえるでしょうか？　社会貢献ができる知識やスキルが身につくのでしょうか？　子どもたちが生きる未来は、明るいものになるのでしょうか？

危機的状況から目を逸らさないで！

私は、次世代の育成に携わる教育者の一人として、こうした状況に責任と危機感とを感じています。少し強い言葉になりますが、今の日本は「茹でガエル状態」です。このままでは、10年後、20年後の日本はどうなってしまうのか、心配でなりません。

昨今は「ＶＵＣＡ（ブーカ）」の時代だと言われてきました。ＶＵＣＡとは、「Volatility

（変動性）」「Uncertainty（不確実性）」「Complexity（複雑性）」「Ambiguity（曖昧性）」の頭文字を並べたもので、将来の見通しが極めて不透明になった社会情勢を意味します。しかし、この数ヵ月の国内外の情勢を見ていると、ＶＵＣＡどころではなく、もっと状況は深刻で、とくに日本は危機的状況にあると思うのです。

日々の報道にあるように、物価の高騰が続いています。給料は約30年間にわたりほぼ据え置きにもかかわらず物価が上昇しているということは、それだけ国民の生活が厳しく、貧しくなっているということ。他国に目を向けてみると、たとえば韓国は、この30年間で給料が約3倍になっています。欧米諸国を見ても、1・5～2倍ほど上昇しています。そうしたなかで、日本だけが低迷しています。円安の進行は、最近でこそ落ち着いてきていますが、今後どうなるかは依然として心配です。また、政治への不安・不信感も大きく、世界的にコロナ禍が落ち着きを見せるなか、日本だけがガラパゴス化しているとも言われています。

日本の未来は、教育で決まる

こうした状況を教育によってひっくり返すというのが、私の挑戦であり使命です。日本は天然資源の乏しい国です。そんな日本を盛り返すためには、人という資源を育てるしかありません。つまり、次世代を担う子どもたちへの教育こそが、日本の未来を明るいものにするための手段なのです。

「教育」にも、さまざまな方向性や対象があります。幼児教育もあれば、小学校から始まる公教育もありますし、特別支援教育や職業訓練的な専門教育もあります。そして、それぞれの分野で活動を続けている方々がいらっしゃいます。

一方、将来を担うリーダーの育成は、手薄になっているのが現状です。昨今は親の経済格差や少子化などで子どもたちの学力が分断されており、国の政策としては全体の教育水準のボトムアップが最優先になっています。その結果、トップ層の育成にはなかなか手が差し伸べられないという状況が生まれているのです。

そうしたなかで、受験指導に長く携わってきた私ができることは何かを考えると、やはり、リーダーの育成に尽きます。世界で活躍するグローバル人材、日本を牽引するリーダー、地域の経済・産業を引っ張るグローカルリーダーを育てていくことが、私の志であり目標です。

子どもたちにはそれぞれ特性があり、全員がいわゆる「リーダー」になる必要はもちろんありません。それでも、どの時代にも、どの国にも地域にも、リーダーは必要な存在です。リーダーを育てるための教育とはどのようなものなのか、その本質を知りたい、追求したいという方々に、ぜひ、この本をお読みいただきたいと思います。

大学全入時代の先にある教育の質の低下

先に述べたアンチ受験勉強、脱・努力主義の風潮を生み出す要因の一つが、大学教育や大学入試の変化です。少子化が予想されるにもかかわらず大学をつくり続けた結果、今や国内の大学の約４割、私立大学に至っては約半数が定員割れを起こしています。つまり、実質的に選抜は行われず、ボーダーレスで入れるようになっているのです。

これに加え、国内の大学の約３割が、今後、持続可能な経営ができるかどうかという瀬戸際に立たされているというデータもあります。その結果、早期の段階に生徒を囲い込むために、総合型選抜（旧・ＡＯ入試）や学校推薦型選抜の枠を拡張している大学が急増しています。

このような状況に陥れば、競争の原理がはたらく大学に進学できる学力、つまり大学教育を受けるのに相応する学力をもっているのは、受験生のうちの約3割程度になる怖れがあります。こう考えてみると、残り約7割の大学進学者は、大学での学びもおぼつかなくなる可能性があります。実際すでに、大学で中学・高校相当の内容から学び直しをしている例がしばしば見受けられます。これでは、日本の大学教育は完全に機能不全に陥ると言わざるを得ません。このような状態を放置しておけば、日本の国力はどんどん下がってしまうでしょう。

目を覚まして、勉強しよう

大きな経済成長を遂げている国の子どもたちは、みんなものすごく勉強しています。たとえば韓国や中国、インドの教育熱の高さには目を見張るものがあり、のんびりとぬるま湯に浸かっているのは日本人くらいです。実際、学歴と労働生産性には強い正の相関があるというデータもあります。そろそろ目を覚まさないと、本当に手遅れになってしまいます。

私は、勉強ができる子を育てたいのではなく、一生懸命に勉強する子、目標に向かって努力する子を育てたいのです。一生懸命に勉強すること、目標に向かって努力することがなぜ素晴らしいのか、なぜ必要なのかについては、これから本書を通してお伝えしていきます。

子どもたちを明るい未来へ導くためには、私たち大人が思い切って一歩を踏み出し、ムーブメントを起こしていかなくてはなりません。私もそのムーブメントに少しでも貢献したいと思い、さまざまなところで発信を続けてきました。また、2022年2月には、教育に高い関心をもつ人たちをつなぐ場として、オンラインサービス「伊藤奈緒の教育チャンネル」を立ち上げました。さらに、今回、幸いにも書籍化という機会をいただくことができました。

日本の未来は、今の教育にかかっています。教育を通してみんなで力を合わせ、日本の明るい未来を共につくっていきませんか？

第１章

課題発見・課題解決って
そもそもどういうこと？

課題を発見し、課題に目を向ける力を

私は普段、大学を目指す高校生やその保護者に向けてお話をさせていただく機会が多くあります。生徒の多くは、いわゆる進学校に通う、学力トップクラスの子たちです。10年後、20年後の日本を担うことになる生徒たちに向けて、しばしば話の最初に投げかけているのが、「これからの日本はどうなるのか？」「私たちはいかに生きるべきか？」という問いです。

生徒たちにとって、目下の目標は志望大学現役合格です。しかし、大学合格はゴールではありません。何のために大学に行くのか、大学を出た後にどのように社会に貢献したいのかという目的や志がある人とない人とでは、勉強に対するモチベーションも見える世界も変わってきます。

これからの時代は課題解決力が大事だと言われますが、そのためには課題を発見する力が不可欠です。目の前に課題があっても、それを課題だと思えなければ、もしくは課題を正しく捉えられなければ、その解決に向けて動き出すことはできません。だからこそ、これからの時代を担う子どもたちには、日本の現状を知り、山積する課題に目を向け、「これからの日本はどうなるのか？」「私たちはいかに生きるべきか？」という問いに真剣に向き合ってほしいと思うのです。

社会のことを知らず、何が課題かわからないというのは、とてもリスクの高い状態でもあります。たとえば、ロシアではウクライナと戦うために徴兵を行っていますが、プーチン大統領は低学歴・低所得の人が多いエリアから順に兵を集めていると言われています。これは、そうした人たちは国家権力のコントロールを受けやすく、権力に抗えないことを示唆しています。一方、高学歴・高所得の人は、早い段階から自分で事態を見通して、国外に移住するなどの選択をしています。知識や教養を身につけ、自分の頭で考え判断する力を磨くことは、自分自身の身を守ることにもつながるのです。

本書も、日本の現状を冷静に把握し、課題に目を向けることから始めたいと思います。なぜなら、日本の現状や山積する課題は、大学入試改革をはじめとした教育改革が行われている背景であり、私がこれほどまでに教育の重要性を訴える理由でもあるからです。

私たちはいかに生きるべきか

ロシアによるウクライナ侵攻、国内外の急激な物価高騰、中国の軍事強化、政治と宗教の癒着、加速する少子高齢化など、国内外の情勢は目まぐるしく変化しています。一方、「人生100年時代」を迎え、私たち一人ひとりがいかに生きるかが問われるようになっています。そうしたなか、私は一つの答えにたどり着きました。

福沢諭吉のことを描いた『福沢諭吉　国を支えて国を頼らず』（北康利・著）という書籍があります。このタイトルが意味するのは、「国に頼ることなく、努力して自分で自分の身を立てよ。そして、国を支えよ」ということですが、これはまさに、これからの時代に求められるあり方だと私は考えます。自分の能力やスキルを自分で高め、自分の生活基盤を自分で築くことができれば、自分の生き方を自分で選べる自主独立の人となる。そういう人が集まって力を合わせれば、その国もまた自主独立の国になる。そんな価値観をもって、自分の能力を高めるための努力を惜しまない人を増やすことが、この国を救う処方箋になるのではないでしょうか。

「日本は豊かな国」は幻想

日本が抱える課題は多々ありますが、なかでも問題視されているのが、日本人の所得が増えていないことです。ご存じのように、日本はGDP(国内総生産)ではアメリカ、中国に続き世界第3位です(とはいえ、2位の中国との間には5倍近い差がありますが……)。この数字だけを見ると、日本は豊かな国のように思われがちです。しかし、それは日本の人口が多いからです。GDPは、「労働生産性×労働人口(労働人口=全人口×労働参加率)」を意味します。当然のことながら、全人口が多ければGDPは増えます。

意外に知られていませんが、日本は世界で第11位の人口大国なのです（1億2560万人、国連人口基金『世界人口白書2022』）。

一方、一人あたりの生活の豊かさや「稼ぐ力」を表すのが、国民一人あたりのGDP、あるいは前の式で言えば労働生産性です。図表1-1を見てみると、日本は2000年には世界第2位でしたが、2010年には18位、2020年には24位、直近の2021年では28位と、この20年間で大きく落ち込んでいます。近隣諸国はじめ多くの国が経済力を高め生活水準を上げていくなかで、日本は所得も上がらず、生活も厳しく、貧しくなっているのです。

このような現状に対し、どんな課題を設定すべきでしょうか。国民一人ひとりの生活の質を向上させるのが目的ならば、国民一人あたりのGDP、つまり労働生産性を向上させるのが最優先課題になるはずです。

しかし政府は、国全体のGDPを増やす方向に進みました。そのためには、前の式にもある通り、労働生産性と労働人口のどちらか一方、あるいは両方を高める必要があり

図表1-1　一人あたりGDPランキング推移 トップ25

GDP＝労働生産性×（人口×労働参加率）

順位	2000年	2010年	2020年	2021年
1	ルクセンブルク	ルクセンブルク	ルクセンブルク	ルクセンブルク
2	**日本**	ノルウェー	スイス	アイルランド
3	ノルウェー	スイス	アイルランド	スイス
4	スイス	カタール	ノルウェー	ノルウェー
5	米国	サンマリノ	米国	シンガポール
6	アラブ首長国連邦	デンマーク	デンマーク	米国
7	アイスランド	オーストラリア	シンガポール	アイスランド
8	デンマーク	スウェーデン	アイスランド	カタール
9	カタール	マカオ	カタール	デンマーク
10	スウェーデン	オランダ	オーストラリア	オーストラリア
11	イギリス	アイルランド	オランダ	スウェーデン
12	アイルランド	米国	スウェーデン	オランダ
13	オランダ	カナダ	フィンランド	フィンランド
14	香港	オーストリア	オーストリア	オーストリア
15	オーストリア	シンガポール	香港	カナダ
16	フィンランド	フィンランド	サンマリノ	ベルギー
17	カナダ	ベルギー	ドイツ	イスラエル
18	ドイツ	**日本**	ベルギー	ドイツ
19	シンガポール	ドイツ	イスラエル	サンマリノ
20	フランス	フランス	カナダ	香港
21	ベルギー	アイスランド	ニュージーランド	ニュージーランド
22	イスラエル	イギリス	イギリス	イギリス
23	バハマ	イタリア	フランス	フランス
24	オーストラリア	ブルネイ	**日本**	ブルネイ
25	ブルネイ	アラブ首長国連邦	アラブ首長国連邦	マカオ
圏外				28. **日本**
	35. 韓国	38. 韓国	29. 韓国	30. 韓国
	124. 中国	98. 中国	64. 中国	65. 中国

IMF World Economic Outlookデータベースに基づき著者作成

ます。しかし、労働生産性の向上は難題で時間も手間もかかりますし、今の日本は全人口が減少するフェーズにあります。そこで政府が推し進めた政策は、労働参加率を高めて、労働人口を増やすことでした。「一億総活躍社会」の実現を謳い、女性の活用推進などに力を入れたのはこのためです。

しかし当然のことながら、この政策では国民一人ひとりの生活の質の向上には結びつきません。それどころか、女性の雇用推進が非正規雇用者を安易に増やす方向に進んでしまい、労働者の雇用環境を不安定にする事態を招いてしまっています（図表1－2）。労働生

図表1-2　雇用形態の変化

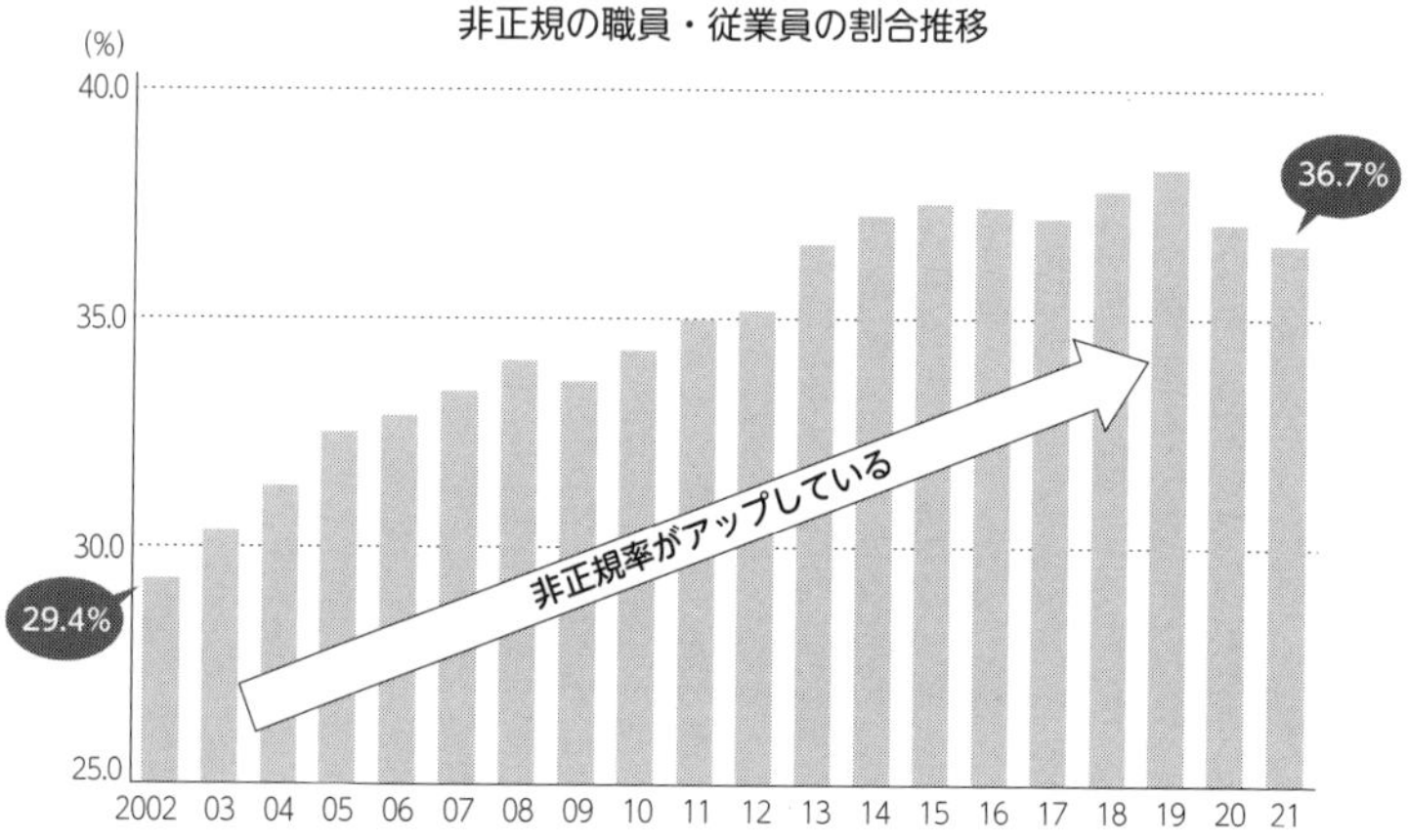

非正規割合：総務省統計局「労働力調査長期時系列データ（詳細集計）」に基づき著者作成（概略図）

産性を高めない限り、国民一人あたりのGDP、そして所得は上がらないのです。

教育への投資が何よりも重要

では、労働生産性を上げるにはどうしたらいいのでしょうか。それには主に二種類の方法があります。一つは、労働者が使う道具(機械や設備など)の性能を高めることです。これは企業の努力で実現するものです。もう一つは、労働者自身の能力を高めることです。それは、働く人一人ひとりの能力を開発し向上させること、つまり、良い教育を施すことです。優れた教育が労働者の能力を高めることは、諸外国の先行研究でも明らかになっています。よって、労働生産性を向上させようと思えば、教育に投資することが何よりも優先されるべき必須の条件になるのです。

しかし、教育を通じて人を育てるには、お金だけでなく時間もかかります。まさに先行投資であるわけですが、国は長い間本気でそれをやってこなかった。そのツケが回ってきたというのが、今、日本が壁にぶつかっている大きな理由の一つだと私は考えています。

人的資源、つまり人の力に頼るしかない日本は、10年後、20年後、どうなってしまうのでしょうか。私は、日本が大好きです。いいところがたくさんある、素晴らしい国だと思っています。だからこそ、このままではダメだという強い危機感をもっています。

日本の教育の現状

日本は教育に長いあいだ投資をしてこなかったと述べましたが、日本の教育の現状を見てみましょう。たとえば国の予算である科学技術研究開発費を20年前（2000年）と比較すると、アメリカは2・4倍、イギリスは2・2倍、韓国は6・4倍、そして中国はなんと24・7倍にも増えています。一方、日本はというと、1・2倍にとどまっています。これは各国の通貨換算での数字なので、ドルで計算するともっと低くなります。

また、人材育成の拠点である国立大学に支給される国立大学法人運営費交付金の推移を見てみても、年々減少し、18年間で約1600億円も削減されています（図表1－3）。

大学の研究費は先細り、費用捻出のために人件費を削減した結果、大学教員の業務量が増加しています。ある大学の教授は、「さまざまな業務が雑多にあるなかで、その合間に研究をしているような状況。これでは良質な論文なんて書けない。日本の大学のポジションが上がらないのは当然」とおっしゃっていました。

日本の「失われた20年」はＩＴ化に乗り遅れたのが原因だと言う人は少なくないですが、本当にそれだけでしょうか？　教育や科学技術の振興に投資してこなかったことが、問

図表1-3　国立大学法人運営費交付金 推移

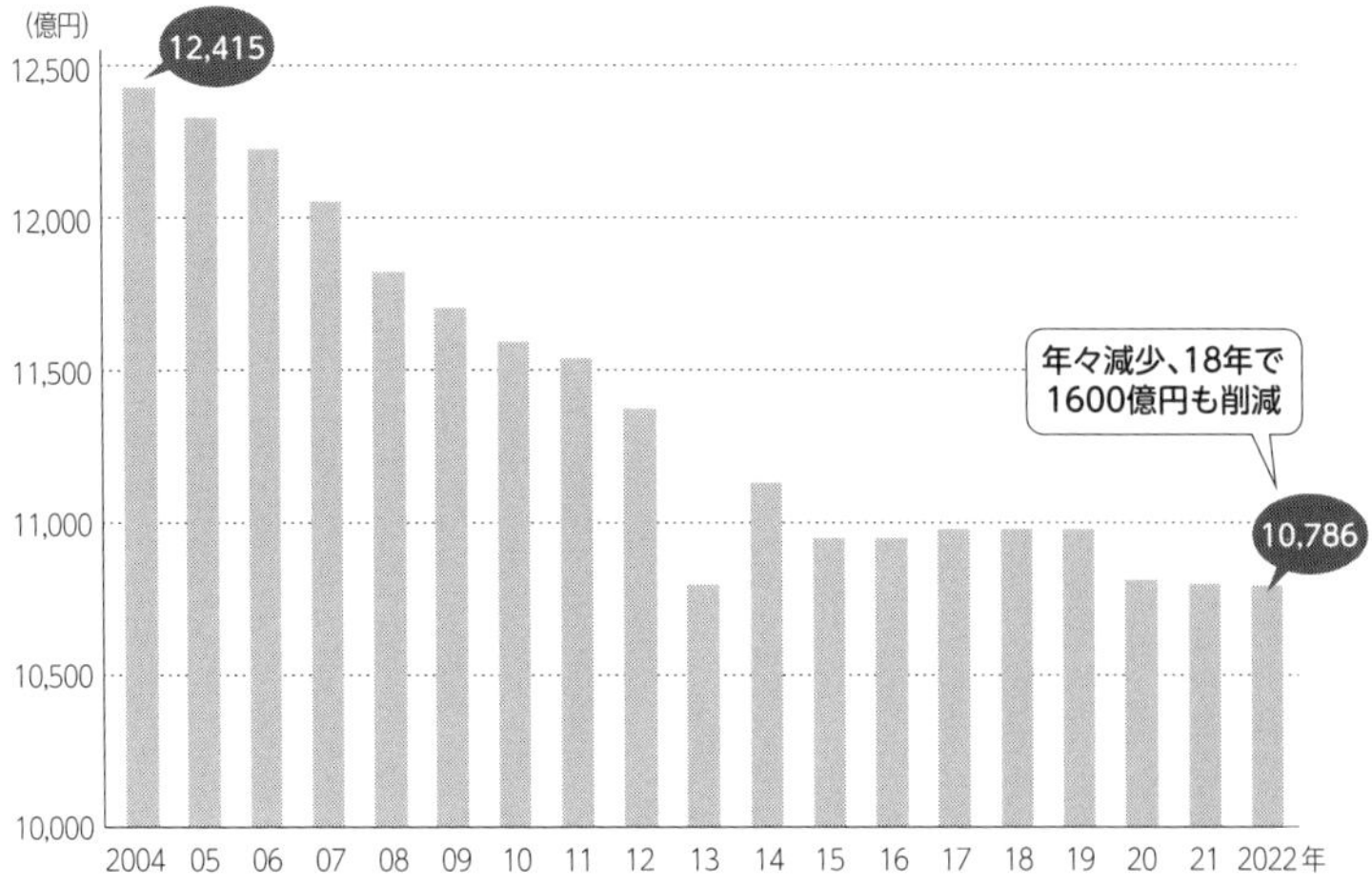

文部科学省「国立大学法人運営費交付金の予算額推移」に基づき著者作成（概略図）

題の根幹にある。私はそう確信しています。

課題を見つけ、最後までやり抜く力を

生徒や保護者に向けたお話の最初に、「これからの日本はどうなるのか？」「私たちはいかに生きるべきか？」という問いを投げかけていると申し上げました。そうした場では、この項で書いてきたようなことを伝え、さらに近年の大学入試の変化など（第2章）についても解説しています。そのうえで、改めて伝えるのが「課題発見・課題解決力とは何か」ということです。

課題を発見し、解決する力が重要であるのは誰もが認めるところだと思いますが、そもそも「課題」とは何でしょうか？　たとえば、ある大学・学部を目指して勉強しているAさんがいて、成績が伸びず、あまり勉強も進んでいないとします。そこで実際に、生徒たちに「Aさんの課題は何でしょうか？」と問いかけると、「成績が伸びない」、「勉強

が進んでいない」といったことを答える生徒が少なくありません。しかしそれらは、Aさんの「課題」ではなく「現状」です。「課題」とは、わかりやすく言えば「手に入れたい望ましい姿」のこと。ですからAさんの「課題」は、「志望する大学・学部で学べる学力を身につける＝志望する大学・学部に合格すること」なのです（図表1－4）。

図表1-4　課題と現状の違いとは

生徒A I先生、●●大学に行きたんだけど、成績もよくないし判定も悪いし、それでもまだ目指して大丈夫でしょうか？

I先生 うーん、そもそもA君は勉強をちゃんとやってるの？

生徒A あまりできてないです。東進の受講も進んでいないので、N先生に面談で怒られました。勉強しててもすぐ眠くなってしまって。

I先生 そうなんだ。ところで、A君の課題は？

生徒A ……

生徒Aの課題は何でしょうか？

課題（望むべき姿）　「●●大学で学べる学力を身につける」＝「●●大学に合格する」

↑

具体的な施策　①個別最適化された学習プランを
×
②心を勉強に向かわせる（＝勉強に対する意欲を高める）努力をしながら、遂行・やり抜く

↑

現　状　「●●大学で学べる学力に至っていない」＝「成績が悪い」

この課題と現状とのギャップを埋めて、望ましい姿を手に入れることが「課題解決」であり、現状を引き起こしている原因を探り、それに対処する具体的な方法や手順が「課題解決策」です。

たとえばAさんのような大学受験の場合ですと、課題解決策については昔と比べると長足の進歩が見られます。私がCOOを務める**eisu**高校部（大学受験部門）は、東進衛星予備校の加盟校でもありますが、その例で言いますと、日本全国規模で収集されている過去の膨大なデータの蓄積（ビッグデータ）とAIを用いた高度なITシステムを武器に、一人ひとりに個別最適化されたカリキュラムを選択することができるようになりました。また全国模試も、単に合否判定を出すだけではなく、受験生一人ひとりの現状分析や課題設定を高い精度で行うツールとして機能しています。今や、科学的根拠に基づいて、一人ひとりの生徒に合わせた学習指導ができるようになっているのです。

もちろん、こうしたシステムにもまだまだ進歩の余地はあります。しかし、大学受験に対する課題解決策の完成度は日を追ってどんどん高まっており、それを使いこなすことさえできれば、たいていの課題は解決できる時代になってきました（実は、それを使いこなすことこそ難しいのですが……）。これらは大学受験の例ですが、ここでお話ししたことは、現代では仕事の場面も含めて広く当てはまっています。

でも、Aさんが課題を解決するには、非常に大事なことがもう一つあります。それは、課題解決策を最後までやり抜く力です。これは、それ自体としては数値化できない「非認知能力」と呼ばれるものです。これこそ課題解決力の核心です。

こうした非認知能力は、「認知能力」（＝学力）を高めることで相乗的に高まっていくことがすでに明らかになっています。これからの時代に不可欠な課題解決力を身につけるという点からも、受験勉強は素晴らしいチャンスなのだということを、生徒たちに是非理解してほしくて、話す機会があるごとに、熱を込めて伝えています。

では、非認知能力とは具体的に何なのか、非認知能力と認知能力とはどのような関係があるのか、受験勉強にはどのような意義があるのかなど、新しい疑問が湧いてきます。これらについては、本書で順を追って解説していきたいと思います。

第2章

大学入試はこんなに変化している

「偏差値時代の終焉」？

さて、本書を読み進めていただく前提として、本項では日本の大学入試を取り巻く情勢がいかに変化してきているかをお伝えしたいと思います。少し長くなりますが、どうかご了承ください。

2022年の夏、日本経済新聞に「教育岩盤 漂流する入試」というシリーズ記事が掲載されました。お読みになった方も多いかと思います。その記事のなかでも、「偏差値時代終幕の足音」といった見出しはなかなかインパクトがありました。しかし、中身をよく読まないと、「これからは、偏差値は関係なくなる」と誤った理解をしてしまう人がいるように思われました。

日経新聞に限らず各メディアが大学入試や大学教育の変化を報じていますが、論点はほぼ同じです。つまり、入試において定員割れの大学が増えている、そのような大学には、すでに、学力不問、ボーダーフリーで入れるようになっている、ここ数年でそのような大学の数はさらに増えて、その結果、全体の約７割の大学では偏差値の概念が機能しなくなるだろう……というわけです。

これはこれで衝撃的な数字ではあります。しかし裏を返せば、残り３割の大学においては、偏差値は依然として学力を計るものさしとして機能し続けるということでもあります。なかでも東大・京大や医学部をはじめとする難関大学・学部に合格するための学力レベルは、これからさらに上がるだろうと言われています。実際、こうした大学・学部では、すでに入試問題も難化傾向にあります。つまり大学の「二極化」――いやもう「分断」と言うべきでしょう――が、いま激しく進んでいるのです。

受験指導の現場でも、この「分断」を実感することがあります。とくにコロナ禍においてはそれが顕著になりました。一例を挙げますと、私がＣＯＯを務める**eisu**では、毎年秋に高校生とその保護者様を対象に進学説明会を開いています。今年はそれを志望大学・学部別に実施しました。すると、東大・京大をはじめとする旧帝国大学や医学部の志望者対象の説明会では、参加者全体の約3分の1は非対象学年、つまり中学生とその保護者様でした。このような方々は、普段から目標を高く置き、社会の動向や情勢の変化に敏感に行動しているからこそ、こうした機会を見逃さず、主体的に前のめりの姿勢で情報を取りに来られるのでしょう。そんな現実を目のあたりにすると、大学の「分断」はもちろんのこと、人の側にも「分断」——主体的・積極的で意欲や情報感度の高い人たちと、そうでない人たちとの間の格差——が起こっているのではないか？　と実感させられます。

なぜボーダーフリーの大学が増えているのか

競争の原理がはたらかない大学がこれほどまでに増えている要因は、少子化だけではありません。日本の18歳人口は１９６６年の２４９万人をピークに、１９９２年の２０５万人から２０２１年の１１３万人（２０２１年10月１日時点における総務省による人口推計）と減少を続けているにもかかわらず、大学の数は増え続けてきました（図表2－1）。国は、地方創生を大義名分に、税金を使って全国各地に大学をたくさんつくりました。短期的には地域の経済の活性化や雇用の創出にもなるのですが、中長期的に見ると、学生が集まらず、経営が立ちゆかなくなるのは明らかです。さらに経営が行き詰まった私立大学を統合して公立大学化している地域などもあり、それらの大学の存続のためにまた税金が投入される……という悪循環に陥っています。

大学が増えれば、入学定員も増えます。

図表2-1　18歳人口と大学数

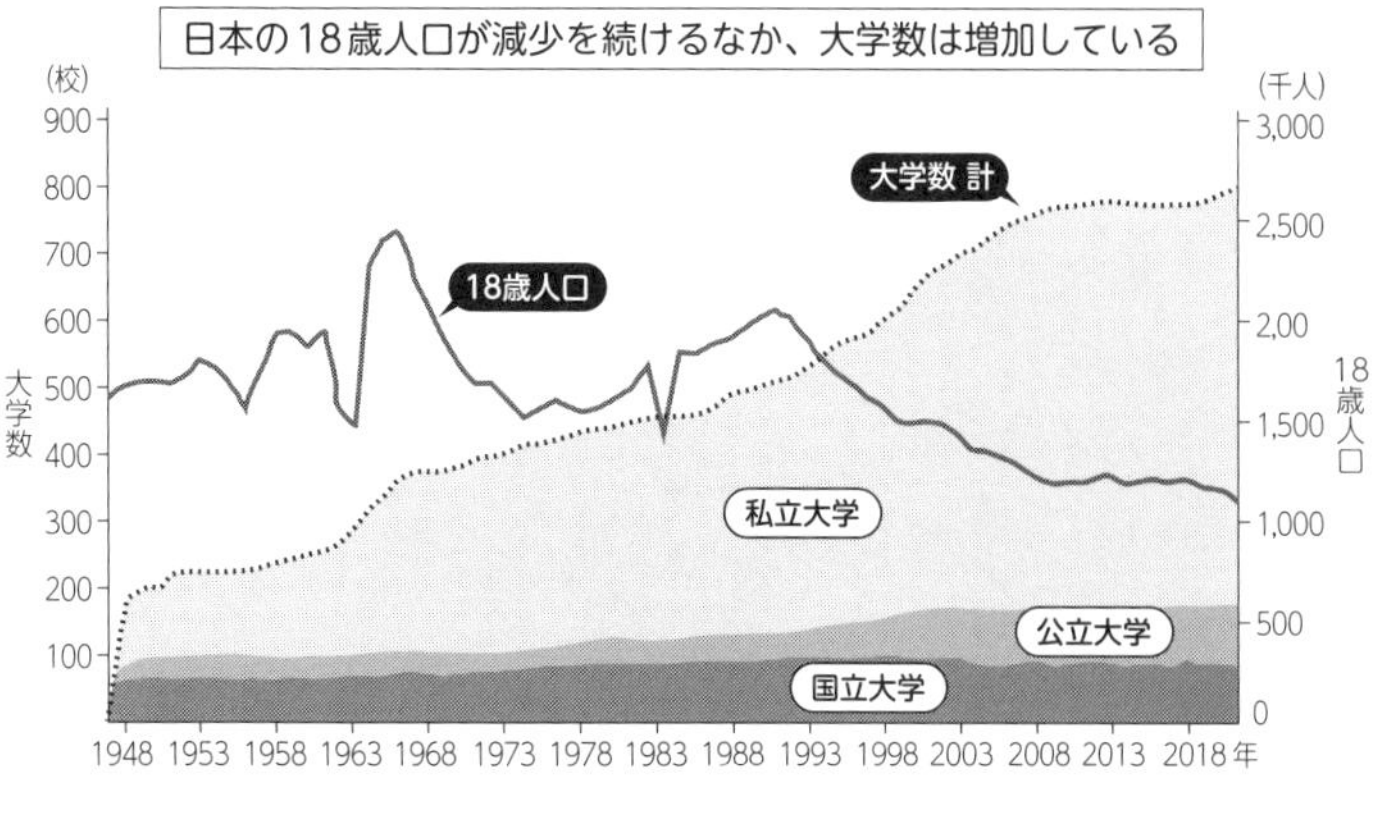

総務省統計局「日本の18歳人口」および文部科学省「学校基本調査」に基づき著者作成（概略図）

実は、国内の全大学の入学定員数を合計すると、なんと18歳人口の倍以上もの数になります。大学進学者は18歳人口の約半数であることを考えると、驚異的な数字であることがわかります。

こうした背景から、入試において競争の原理がはたらいているのは、全体の約3割（国立大学、公立大学の一部、難関・準難関私立大学）に過ぎなくなっています。さらに昨今では、公立大学でも明暗が分かれています。秋田の国際教養大学（ＡＩＵ）、東京都立大学、横浜市立大学、大阪公立大学（大阪府立大学と大阪市立大学が統合）、名古屋市立大学のような特色ある教育を実践する人気校もあれば、定員割れを起こしかけている大学もあります。

大学入試改革とは？

では、こうした大学間の「分断」という動きをふまえたうえで、「大学入試改革」についてご説明します。

今より10年ほど前から（検討・準備段階を含めるとその前から）、文部科学省が先導し、いわゆる「大学入試改革」が進められてきました。そもそも「大学入試改革」とは、「大学教育改革」、「高校教育改革」と連動した「高大接続改革」の一環で、これら３つの改革は三位一体のものです。改革が始まった背景には、「高校・大学で育てている資質・能力（大学入試で問われる資質・能力）」と「これからの社会で求められる資質・能力」との間に乖離があるという認識がありました。

文部科学省が公表している資料を見ると、次のようなことが書いてあります。……人口減少や少子高齢化による生産年齢人口の急減、労働生産性の低迷、人工知能や情報技術をはじめとする技術革新などに伴い、昨今は社会構造や産業・就業構造が急速に転換している。社会がものすごいスピードで変化し続けるなか、子どもたちが社会に出る頃には、職業のあり方も今とは様変わりしている可能性が高い。このような先行きが不透明な時代を生きていく子どもたちとって重要な力とは、多様な人々と協働しながら主体性をもって人生を切り拓いていく力であり、混沌とした状況のなかで課題を発見し、答えを自ら生み出し、新たな価値を創造していく力である。しかし、こうした資質・能力は、知識や技能を受動的に習得する能力が重視されたこれまでの教育では、十分に育成することができない。……こうした課題認識から、これからの時代に求められる資質・能力を育むという理念のもと、抜本的な教育改革として推し進められているのが、「高大接続改革（大学教育改革・高校教育改革・大学入試改革）」なのです。

これからの時代に求められる資質・能力とは？

では、これからの時代に求められる資質・能力とは、どのようなものなのでしょうか。文部科学省の中央教育審議会は、高大接続改革を進めるにあたり、とくに重視して身につけるべき力を「学力の3要素」として挙げています。

【学力の3要素】

1　十分な知識・技能

2 それらを基盤として答えが一つに定まらない問題の解を自ら見出していく思考力・判断力・表現力等の能力

3 これらを基に主体性をもって多様な人々と協働して学ぶ態度

これまでの教育ではこうした資質・能力を統合的に育てる指導が不十分だったことや、大学入試における評価が知識・技能偏重型であったことなどが指摘され、それを改めることが高大接続改革の柱とされました。

そして、改訂された学習指導要領（小学校で２０２０年度、中学校で２０２１年度、高校で２０２２年度より実施）では、学力の３要素を育成することに軸が置かれ、高校教育と大学教育を接続する大学入試においても、「学力の３要素を多面的・総合的に評価する」ことが明記されました。

大学入試改革の要、大学入学共通テスト

学力の3要素を多面的・総合的に評価するための具体的施策として掲げられたのが、従来の大学入試センター試験（1990年〜2020年）に代わるテストの実施です。これが「大学入学共通テスト」（2021年〜）〈以下、共通テスト〉であり、大学入試改革の要とされています。共通テストは、国公立大学志望者はもちろん、私立大学でも活用される日本最大規模のテスト（2022年の志願者数53万367人）です。

当初、共通テストでは、学力の3要素のうち「知識・技能」、とくに「思考力・判断力・表現力」をよりよく評価できるものに向上させようと、マークシート形式に加え、国語と数学で記述式問題を導入することが検討されました。また、英語については4技能（話す・書く・聞く・読む）評価を重視する観点から、民間資格検定試験（実用英語技能検定＝英検、TOEIC、GTECなど）を導入し、各大学の判断により、出願資格、

共通テストや個別試験への代替・加点、優遇などに活用することが検討されました。

しかし、２０１９年、文部科学省はいずれの採用も見送ることを発表しました。理由として、記述式問題については当初から課題とされてきた作問・実施方法や答案採点の困難さ、民間検定資格試験については地域や経済格差への配慮の不十分さなどが挙げられました。大学入試改革の要であった共通テストですが、結果的には従来のセンター試験と同様の、マークシート形式のみでの出題となりました。新学習指導要領に基づいた実施となる２０２５年以降でも記述式問題と民間検定資格試験の導入は断念されることになり、各大学が独自で実施する個別試験・個別入試での充実を促していくこととなりました。

共通テストはどんな試験？

以上から、共通テストはセンター試験と大差ないと言う人もいます。しかし、形式こそ同じマークシートではあるものの、問題の性質や量が大きく変わったと、私は考えています。

共通テストは、問題文の情報量（文字量）が膨大なのが最大の特徴です。この20年間（2020年まではセンター試験）の変遷を見てみると、問題文の総文字数・単語数は驚くほど増えています（詳しくは第5章で解説します）。

センター試験では、ほとんどの教科・科目において、一問一答形式の設問がそれなりにありました。解法や解答を予め暗記してあれば対応できるタイプの問題です。一方、共通テストでは、ほとんどの大問が長文問題化していて、文脈のなかで知識や内容理解を問うような問題にシフトしています。さらに出題されている長文も、評論文・随筆文や物語文だけでなく、実社会で用いられる文章、たとえば会話文、メール文、マニュアルや規約書など、いわゆる実用的文章が広く採用され、さまざまな形式・内容の文章を読解するよう求められています。

たとえば英語はその典型です。リーディングについて見てみると、センター試験では毎年必ず、発音アクセント、文法語法・語句整序等、知識を単発で問う問題が出題されていました。一方、共通テストでは、「実社会で活用できる実践英語、コミュニケーション英語」を強く意識した長文が出題され、第1問から第6問までの全ての大問が長文読解問題になっています。さらに本文はもちろん、リード文や設問文全てが英語で表記され、英文読解の負担が明らかに増えています。

また数学、とくに数学Ⅰ・Aでは、予め数値・数式が与えられ、それを計算したり変形したりして処理していくタイプの問題がほぼなくなり、実際の社会に存在する課題を、数学を用いて解決していくという形式の問題がメインとなっています。しかも長い日本語説明文のなかから、課題解決に必要な情報とそうでないものを取捨選択していかねばなりません。たとえば生徒と先生や生徒同士の会話(「太郎くん・花子さん問題」などと呼ばれます)を読み解き、そこから得られた情報を自力で数値・数式に変換したうえで数学的に処理していく必要があります(図表2-2)。一部では、純粋な意味での数学力を試す問題ではないと批判する声もあるようです。その是非はともかく、日本語情報の数学的解釈(数値化・数式化)の負担は極めて大きいのは確かであり、共通テストの平均点を大幅に下げる大きな要因になっています。

国語では、速く正確に読解する力が極めて重要です。たとえば２０２２年の共通テスト国語では、字数が２万１０００字を超えていました。これは単純に計算すると、１分あたり約２６３字のスピードで読まなければならない計算になります。しかし、出題される文章は日常生活ではあまり触れることのない難度の高い文章ですし、解答する際には本文はもちろ

図表２－２　共通テスト 数学問題の典型的イメージ

数学Ⅰ・数学A

第2問（必答問題）（配点　30）

〔1〕 陸上競技の短距離100m走では、100mを走るのにかかる時間（以下、タイムと呼ぶ）は、1歩あたりの進む距離（以下、ストライドと呼ぶ）と1秒あたりの歩数（以下、ピッチと呼ぶ）に関係がある。ストライドとピッチはそれぞれ以下の式で与えられる。

$$\text{ストライド(m/歩)} = \frac{100\text{(m)}}{\text{100 m を走るのにかかった歩数(歩)}}$$

$$\text{ピッチ(歩/秒)} = \frac{\text{100 m を走るのにかかった歩数(歩)}}{\text{タイム(秒)}}$$

ただし、100mを走るのにかかった歩数は、最後の1歩がゴールラインをまたぐこともあるので、小数で表される。以下、単位は必要のない限り省略する。

例えば、タイムが10.81で、そのときの歩数が48.5であったとき、ストライドは$\frac{100}{48.5}$より約2.06、ピッチは$\frac{48.5}{10.81}$より約4.49である。

なお、小数の形で解答する場合は、**解答上の注意**にあるように、指定された桁数の一つ下の桁を四捨五入して答えよ。また、必要に応じて、指定された桁まで⓪にマークせよ。

(1) ストライドをx、ピッチをzとおく。ピッチは1秒あたりの歩数、ストライドは1歩あたりの進む距離なので、1秒あたりの進む距離すなわち平均速度は、xとzを用いて［ア］(m/秒)と表される。

これより、タイムと、ストライド、ピッチとの関係は

$$\text{タイム} = \frac{100}{\boxed{ア}} \quad \cdots\cdots ①$$

と表されるので、［ア］が最大になるときにタイムが最もよくなる。ただし、タイムがよくなるとは、タイムの値が小さくなることである。

［ア］の解答群

⓪ $x+z$　① $z-x$　② xz
③ $\frac{x+z}{2}$　④ $\frac{z-x}{2}$　⑤ $\frac{xz}{2}$

(2) 男子短距離100m走の選手である太郎さんは、①に着目して、タイムが最もよくなるストライドとピッチを考えることにした。

次の表は、太郎さんが練習で100mを3回走ったときのストライドとピッチのデータである。

	1回目	2回目	3回目
ストライド	2.05	2.10	2.15
ピッチ	4.70	4.60	4.50

また、ストライドとピッチにはそれぞれ限界がある。太郎さんの場合、ストライドの最大値は2.40、ピッチの最大値は4.80である。

太郎さんは、上の表から、ストライドが0.05大きくなるとピッチが0.1小さくなるという関係があると考えて、ピッチがストライドの1次関数として表されると仮定した。このとき、ピッチzはストライドxを用いて

$$z = \boxed{イウ}\,x + \frac{\boxed{エオ}}{5} \quad \cdots\cdots ②$$

2021数学第２問（必修）【1】2次関数【2】データ分析
独立行政法人大学入試センター公表の問題より引用

ん、設問文や選択肢も複数回読み返したり、丁寧に精読したりする必要があります。考える時間も必要ですから、実際はこの2倍以上のスピードで読まなければ到底正解にはたどりつきません。これには相当の訓練が必要です。

その他、理科や社会でも、複数の資料やデータをもとに読み解いていく問題が増えており、かなりの情報量の資料を読まなくてはなりません。共通テストでは、どの教科・科目においても、多くの情報をすばやく読み込み、速く正確に答えにたどりつく力、つまり、高度な読解力、情報処理能力が求められるのです。

2025年入試から、共通テストはこう変わる

この共通テストですが、新学習指導要領が適用される2022年4月以降に学んだ高校生が受験する2025年入試からさらに変わります(図表2－3)。主な変更点としては、ここしばらく履修範囲から除外されていた「数学C」が10年ぶりに復活し、「数Ⅱ・B」が「数学Ⅱ・B・C」となって、理系だけでなく、文系学部を志望する学生も「数

学C」の履修が必要になります。また、「数学C」の範囲が追加されるぶん、試験時間が60分から70分に拡大します。

国語も試験時間が80分から90分に拡大します。大問の数は、今の第1問〜第4問の4問に、さらにもう1つ新たに大問が加わって5問体制になり、従来でさえ大きかった読解の負担がさらに増えることになります。難度の高い日本語長文をひたすら読解し続けるのは、現行の80分でさえ、かなりの集中力を要します。これが90分となると、思考における「体力」や「持久力」がさらに要求され、受験生にとっては極めてシビアな教科になります。

また、地歴公民は、「総合」と「探究」の組み合わせで選択することになります。そして最大の目玉は、新教科として「プログラミング思考」を問う「情報」が追加されることです。新しい教科が追加されるのは共通一次試験・センター試験から続く歴史のなかでも初めてで、大いに注目されるところですから、後ほど詳しくご説明します。ちなみに「情報」については、きちんとした指導書がない、専門指導者がいないという声を

図表2-3　共通テスト2025年からの変更点

2021年〜最終2024年

5教科7（8）科目

教科		出題科目	試験時間	
英語		リーディング	80分	
		リスニング	30分	
数学	①	数学Ⅰ・A	70分	
	②	数学Ⅱ・B	60分	変化
国語		国語	80分	変化
理科 ※文系①、理系②		理科基礎×2、物理、化学、生物、地学	各60分	
地歴公民 ※文系②、理系①		世界史B、日本史B、地理B	各60分	変化
		現代社会・倫理・政治・経済・倫理、政治・経済	各60分	変化

新入試2025年〜

6教科8（9）科目

教科	出題科目	試験時間
英語	リーディング	80分
	リスニング	30分
数学	数学Ⅰ・A	70分
	数学Ⅱ・B・**C**（追加）	**70分**（変更）
国語	国語	**90分**（変更）
理科	理科基礎×2、物理、化学、生物、地学	各60分
地歴公民	歴史総合・世界史探究 歴史総合・日本史探究 地理総合・地理探求B 地理総合・歴史総合・公共 公共・倫理 公共・政治経済	各60分
情報	**情報Ⅰ**（追加）	**60分**（追加）

文部科学省発表の公表資料に基づき著者作成

よく耳にします。都市部の学校はともかく、地方の学校では地元の大学の大学院生がアルバイトで教えているという話も聞くので、新たな格差につながることが懸念されます。

私立では総合型選抜・学校推薦型選抜が主流に？

さて、日本の大学受験においては、「大学入学共通テスト」を基軸にして、国公立・私立の各大学・学部が個別に課すさまざまな選抜方式があります。大学入試改革では、これらの選抜方式の名称が「一般選抜（旧・一般入試）」「総合型選抜（旧・AO入試）」「学校推薦型選抜（旧・推薦入試）」の3つに改められました。

近年は3つのなかでも総合型選抜と学校推薦型選抜の2つ、いわゆる「推薦枠」が増えていると言われていますが、実際はどうなのでしょうか？

序章でもお話ししたとおり、私立大学を中心に、すでに定員割れを起こし経営の危機にある大学や、持続可能な経営ができるかどうかの瀬戸際にある大学がとても多くなっています。総合型選抜や学校推薦型選抜は、経営的観点から早期に何とかして学生を確保したいという大学側のニーズと、少しでも早く受験を終わらせ、年内には進路を確定したいと願う受験生や保護者側のニーズとがマッチングした選抜方式と言えます。この２つの選抜方式による入学者は、私立大学ではすでに６割近くになっています（２０２１年度で私立大学全体の58・２％、令和３年度国公私立大学入学者選抜実施状況〔文部科学省〕による）。

しかしながら、こうした動機による総合型・学校推薦型選抜枠の増加により、基礎学力が十分でないまま大学に入学する学生が増えています。序章では、大学で中学・高校相当の内容から学び直しているケースがあることに触れましたが、このことは、そうした選抜方式で学生を確保している大学ではとくに深刻な問題になっています。また、こうした学生に大学４年間で専門的な知識やスキルを身につけさせ、彼らを社会貢献度の高い人材に育成できるかといえば、甚だ疑問です。そもそも、入学定員確保が目的で共通テストも受けさせずに安易に合格者を出して入学させるということは、これからの時代を生き抜くために「学力の３要素」を備えた人材を育てようという文科省の根本方針からもズレているのではないでしょうか？

さらに昨今は、奨学金が返済できずに自己破産をする若者もいます。大学に進学するだけでもコストがかかるのですから、それに見合うリターンをいかにして得るかということも考える必要があります。目的意識もないままただ4年制大学に行くくらいなら、専門学校などの職業訓練校に通った方がリターンが大きいケースもあるのではないかと、個人的には思います。「とりあえず4年制大学に行けばいい」という時代は終わったのです。

難関私立大の一般選抜は文字通り「狭き門」に

しかし同じ私立大学でも、大都市圏における名門の難関私立大学の場合は、これとは事情が全く異なります。とくにこのような大学へ一般選抜を経て入学するのは、今まで以上に「狭き門」になっています。

私立大学では従来、定員よりも多くの合格者を出してきました。併願者が多く、合格しても入学を辞退する（より志望順位の高い大学に入学する）ケースがあるためです。一方、文部科学省は、２０１６年度以降、私立大の入学定員の管理を厳格化しました。首都圏や関西圏など大都市圏の私立大に学生が集中するのを避け、地方の大学に学生を回すための施策で、大学の規模に応じて入学定員の充足率を定め、規定以上の入学者を出した大学に対しては、ペナルティとして補助金をカットするというものでした。その結果、難関私立大を中心に合格者数を抑える動きが強まり、一般選抜の難易度が大きく上がりました。

この件は、施策の結果はもちろん、そもそもの意図からして、受験生本位とはとても言えません。実際、多くの番狂わせを引き起こし、受験生を翻弄しました。でも、嘆いてもどうにもなりません。結局、どんな状況になっても動じない本物の学力を身につけるのが一番の対策であり、自衛手段なのです。

定員充足率の厳格化に翻弄されたのは学生だけでなく、大学側も同じでした。そこで大学は、小学校を中心に付属校を新規に設置したり、系列校を増やしたりするとともに、付属校や系列校からの内部進学に力を入れるなど、学生を安定して確保するためにさまざまな努力をしています。たとえば慶應義塾大学では、2022年入試の合格者のうち、一般選抜を経て入学した学生は6割程度で、それ以外の学生は内部進学や推薦入試などによる進学者なのです。

付属校や系列校に入学できるのは、都市部に住んでいて、家庭に経済力があり、中学・高校受験はもちろん、小学校受験に本腰を入れられる教育熱心な家庭の子どもに限られます。地方在住ですと、この進学ルートに乗るのは相当困難です。実際、東京の難関私立大の地方出身者率は下がっています。学生の多様性を担保するために多様な入試を行っているはずが、現実には学生の多様性が失われているケースもあるようです。

こうした一連の動きを背景に、難関私立大の一般選抜は受かりにくい入試になりつつあります。

難関国公立大学の合格難易度は極めて高い水準に

　では、国公立大学についてはどうでしょうか。確かに近年では、文科省が促していることもあり、国公立大学の総合型・学校推薦型選抜についても入学者が増えてきているような印象があるかもしれません。しかし最新の数値を見ても、国公立大学での一般選抜による入学者は77・6％なのに対し、学校推薦型は16・2％、総合型は5・8％を占めるに過ぎず（2022年度文部科学省の資料による）、実はその割合は、ここ10年ほど大きく変わってはいないのです。

　しかも、国公立大学の総合型・学校推薦型には、学力不問の選抜はありません。学校推薦型も共通テストの結果が必須条件になっているケースが多く、年内に合格が決まるから早くラクができる……というケースはほぼありません。また、※評定値が高い水準に設定されている医学部・薬学部などの場合は、高校入学時から地道に努力して、全ての定期テスト・全ての教科・科目で高成績を取り続ける必要があります。しかもほぼ全ての受験生は、推薦と一般選抜の準備を並行して行いますから、実際、学生にとってその負担はとても大きくなっています。東大・京大のように、一般選抜よりも総合型・学校推薦型で合格する方が、はるかに難度が高いケースもあります。そういうわけで、高１・高２の段階で一般選抜一本に絞って受験勉強を進めていく人が多いのが実情です。以上のように、国公立大学の総合型・学校推薦型選抜は、私立とは性格が著しく異なるものなのです。

※高校1年生から高校3年生の途中までの全教科・科目の定期テストの成績を平均して、5段階評価で表したもの。

では、国公立大学の一般選抜はどうでしょうか。たとえば難関国公立大学の一般選抜の競争倍率は、3倍前後と一見低く見えますので、「意外と受かりやすいのでは？」と思われるむきもあるようですが、それは違います。なぜでしょうか？　国公立大学は難関になればなるほど、問題の難易度が上がるだけでなく、受験で課せられる教科・科目数が多くなります。そこで難関国公立大学を目指すには、早いうちからたくさんの教科・科目を並行して勉強しなくてはなりません。目標を下方修正するのは簡単ですが、上方修正するためには教科・科目を途中から増やす必要があり、高校教育や大学受験の実情から考えると、それは事実上不可能に近いのです。したがって、出願する時点で、受験者はすでにふるいにかけられた精鋭ぞろいですから、倍率は高く見えなくても、その間の競争は半端なく厳しくなっています。こうして考えていくと、難関国公立大学の合格難易度は、これからも極めて高い水準で維持されると言わざるを得ないのです。

＊＊＊

以上、日本の大学入試を取り巻く情勢がいかに変化してきているかをご説明しました。ここからわかること、それは、入学するために越えなければならないハードルが高ければ高いほど、その大学に入学する価値もまた高いということです。そして、厳しいようですが、その反対も成り立ちます。人生の大切な時期である大学時代に、良い環境に身を置いていることがいかに大切かを考えれば、敢えて難関に挑戦するのは、実に価値ある選択だと私は思います。

しかし、最近は、「できるだけリスクをとりたくない」「高い目標のためにたいへんな努力をするようなことはしたくない」「しんどい思いはしたくない」……という高校生・ご家庭が増えているように思います。部分最適と言いますか、確証バイアスにとらわれ自分にとって都合の良い情報だけを拾って鵜呑みにし、安易に意思決定する傾向が、コロナ禍もあいまって顕著になっているように思います。かたや、全体最適を意識して、絶えず広い世界に目を向け、情報収集や向上努力を欠かさない人たちも確かにいます。このような現実を目のあたりにするたび、今の日本では、社会の「分断」が激しく進んでいるのではないか？　そして「分断」されている人々の「孤立」化が進んでいるのではないか？　……そのような不安がぬぐえません。私が意見の発信を続けているのも、この状況を何とかしたい！　大好きな日本が良くない方向に進んでいるのを何とか阻止したい！　という気持ちからなのです。

第3章

非認知能力を
どう育む？

「非認知能力」とは?

近年、「非認知能力」の重要性がさまざまな文脈で説かれています。ＩＱや学力テストで測ることのできる能力である「知能」あるいは「認知能力」に対して、そうしたものでは測れない能力を「非認知能力」と言います。たとえば、目標に向かって努力する意欲や姿勢、自分に対する自信、自制心、忍耐力、やり抜く力(ＧＲＩＴ)、思いやり、協調性、コミュニケーション能力などが非認知能力にあたります(図表３－１)。

非認知能力の重要性を明らかにした研究は数

図表3-1　認知能力と非認知能力

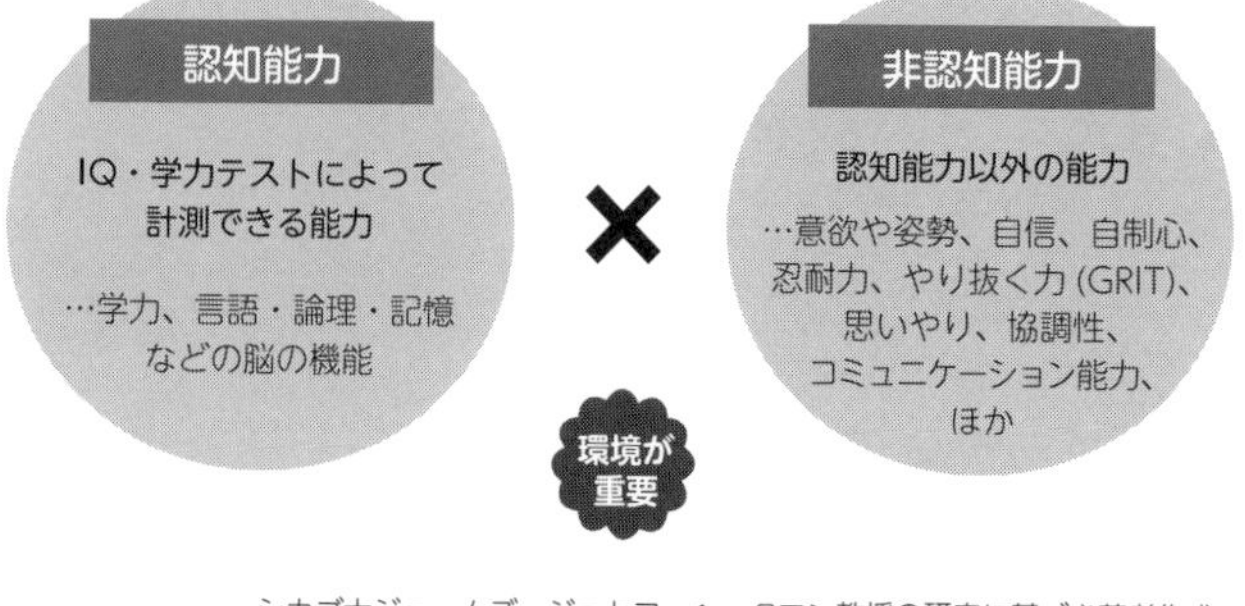

認知能力
IQ・学力テストによって
計測できる能力
…学力、言語・論理・記憶
などの脳の機能
非認知能力
認知能力以外の能力
…意欲や姿勢、自信、自制心、
忍耐力、やり抜く力 (GRIT)、
思いやり、協調性、
コミュニケーション能力、
ほか
環境が
重要

シカゴ大ジェームズ・ジョセフ・ヘックマン教授の研究に基づき著者作成

多くありますが、有名なのがシカゴ大学のジェームズ・ヘックマン教授の研究です。ヘックマン教授は、アメリカ・ミシガン州政府によって行われた「ペリー就学前プログラム」の教育効果を科学的に究明しました。３歳から４歳の子どもたちに、読み書きなどの認知能力（ＩＱ等）を高める指導や生活面でのしつけ等を約２年間行い、その後40年間にわたり結果を追い続けました。たいへん有名な研究なのでご存知の方も多いでしょう。ここでは結論だけを端的にまとめますと、質の高い幼児教育（＝認知能力を高めるための教育）が非認知能力を高める、そして非認知能力が高まることと相関して、認知能力にもプラスの効果が生まれ、そのプラスの影響は長期にわたり持続する、ということがわかったのです。

またこの研究からは、認知能力を育む教育のスタートが早期であればあるほど、成長してから得られる所得・生活水準等のリターンも大きくなる、ということもわかっています（図表３－２）。このことは、「教育投資は早い方が収益率が高くなる」と言い換えることもできます。

ヘックマン教授によるペリー就学前プログラム研究と並んで有名なのは、「アベセダリアン・プロジェクト」です。生後約4ヵ月から5年ほど質の高い教育を施し、その後の経過を観察した結果、成人してからもIQ、大学入学率、スキルの必要な仕事に就いている比率などが高い水準を示す一方、生活保護受給率は低くなっていました。つまり、このプロジェクトでも「ペリー就学前プロジェクト」とほぼ同様の結論が得られたのです。

認知能力と非認知能力は両輪で育つ

こうして、幼少期から認知能力を育む

図表3-2　教育を「投資」と考えたときの収益率（イメージ）

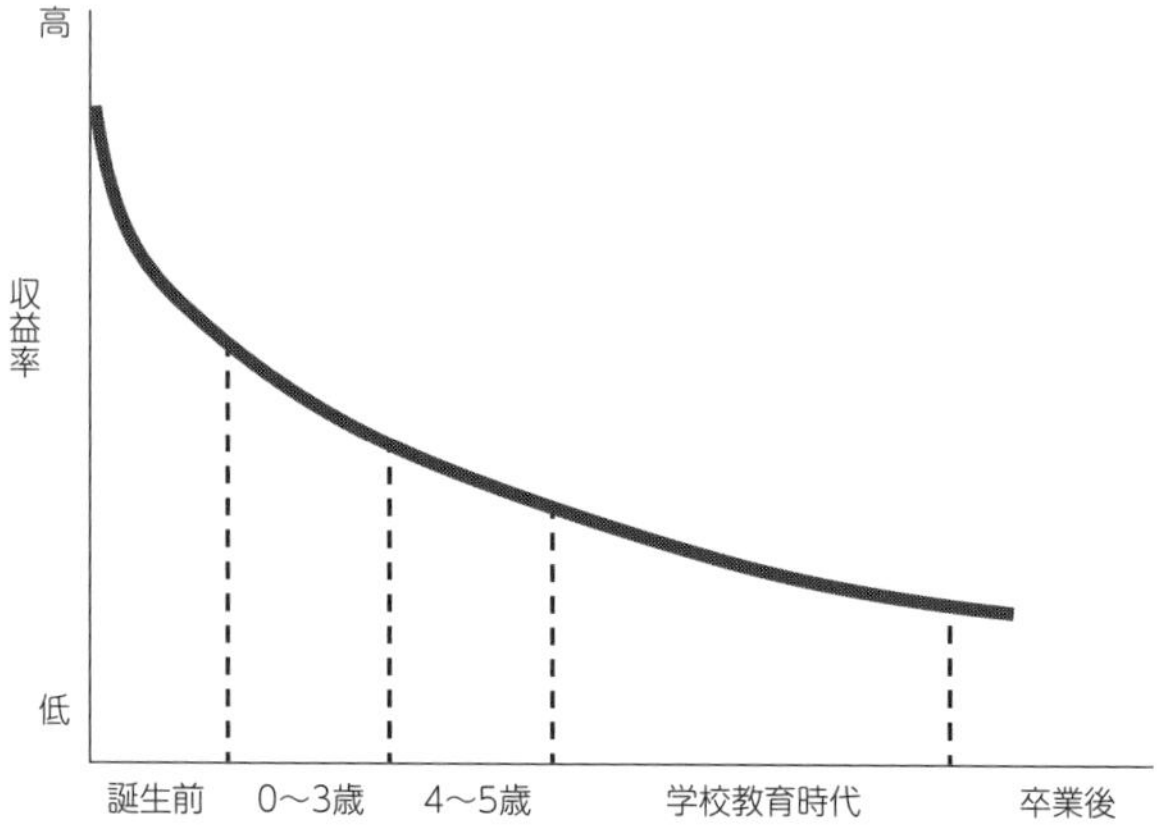

中室 牧子「『学力』の経済学」（ディスカヴァー・トゥエンティワン）に基づき著者作成

教育を施すと、結果的に非認知能力が高まる。非認知能力が高まると、長期的に見て認知能力も高まりやすい。つまり、この二つの能力は両輪で育つらしいということが明らかになったことで、非認知能力の重要性にも光が当てられるようになりました。早期から認知能力・非認知能力を育てる幼児教育の重要性や、そこに投資することの経済的効果について、日本では慶應義塾大学総合政策学部の中室牧子教授らを中心に研究が進められています。

このように、教育投資はできるだけ早期に、幼少期から行った方が経済的にも効果が大きいことがわかっているにもかかわらず、国はそこへの投資を最優先事項とはしていません。実際、２０２２年10月に行われた岸田首相の所信表明演説では、成長産業への労働移動を促すリスキリング（学び直し）支援に、５年間で１兆円を投じる計画が打ち出されました。

リスキリングへの投資自体は大切なことだと思います。しかし、スキルがあっても円滑に労働移動ができない、キャリアアップしにくいという日本の労働市場の状況を改善せず、ただお金だけ（しかも税金です！）投資しても、期待する成果は得られないと思います。また、教育投資はできるだけ早期に、幼少期から行った方が効果は大きいことは、ヘックマン氏の研究をはじめとしてエビデンスベースで明らかになっているのですから、国を立て直すのであれば、次世代を担う子どもたち、とくに経済的事情などで良い教育機会に恵まれない子どもたちに優先的に投資すべきではないでしょうか？

話を元に戻しましょう。幼少期から認知能力・非認知能力を育てることが重要なのはもちろんなのですが、その時期を過ぎたら遅いのかというと、決してそんなことはありません。たくさんの子どもたちと接するなかで、私が関心を寄せてきたのが、就学期にいかに認知能力・非認知能力を育てていくかということです。では、具体的にどうすればいいのでしょうか？

非認知能力はつかみどころがなく、数値化することも目標設定することも難しくて、「これをやれば確実に伸びる」という直接的な手段はありません。一方、認知能力はＩＱや学力テストで測れる力であり、「勉強」というシンプルで直接的な手段により伸ばすことができます。

この二つの能力は強い相関にあることが明らかなのですから、両方を伸ばすには、まずは認知能力の向上を図り、それを高めるプロセスを通して非認知能力を高めるアプローチが最善です。

これはスポーツでも同じです。スポーツで成功するためには、数値で評価できる身体能力（認知能力にあたります）はもちろん、精神力・忍耐力・集中力・やり抜く力（ＧＲＩＴ）など、数値で評価しにくい能力（非認知能力にあたります）も同様に大切です。しかし後者を単独で育成することは困難です。そこで目標設定や効果測定のしやすい能力に徹底的にこだわって鍛え、その過程で数値化できない能力も鍛えていくのです。

そこで勉強でも、まずは「この志望校に合格する」「次のテストで何点とる」といった具体的な目標設定や、効果測定のしやすい認知能力の向上にこだわることで、認知能力と非認知能力を両輪で高めていくことができます。これが私の結論です。

非認知能力は環境に影響される

非認知能力については「これをやれば確実に伸びる」という直接的な手段はないと言いましたが、実は研究ですでにわかってきていることもあります。なかでも最も重要なのは、すでに非認知能力が高い人が集まっている環境に身を置くことです。

非認知能力は、環境や周囲の人の影響を大きく受けます。家庭環境や保護者の影響ももちろんありますが、就学期の子どもにとって最も影響力があるのは、周囲の子どもたちの存在です。目標に向かって努力する、あきらめずにがんばる、物事に意欲的に取り組む、そんな、学力だけでなく非認知能力も高い子どもたちに囲まれて学校生活を送るなかで、そうした姿勢や能力が育まれていきます。

我が子をいわゆる「いい学校」に入れたがるのは、これが理由なのではないでしょうか。我が子に学力レベルの高い学校に入ってほしいと思う背景には、そういう学校には、我が子の潜在的な能力や可能性を開花させてくれるような環境があると期待しているからではないでしょうか。実際、開成や灘といった全国トップクラスの進学校には、生徒同士が切磋琢磨して高め合う環境があります。灘にお勤めだったある先生も、「教員が何も言わなくても、生徒が互いに刺激し合い、学び合い、勝手に伸びていく」とおっしゃっていました。

同様に、「いい大学」「いい企業」というのも、実は偏差値やブランド、社会的地位や給与の高さだけではないように思います。モチベーションやコミット力の高い人材が集まる環境で学びたい(学んでほしい)、働きたい(働いてほしい)と思うのは、言い換えれば、非認知能力の高い人が集まる環境に身を置きたい(置いてほしい)という願いの表れなのではないでしょうか?

大切なのは、主体的な姿勢

とはいえ、ただ単にそうした環境に身を置いてさえいればいいという受け身の姿勢では、非認知能力は育ちません。環境のなかで、主体的に・能動的に、目標をもって努力し、周囲の人たちと互いに高め合う努力をすることではじめて、非認知能力は育まれるのです。

一生懸命にがんばっている人の周りには自然と人が集まり、周囲も感化されてやる気が湧いてきます。勉強にせよスポーツにせよ、高い目標に向かってひたむきに努力する姿には、人の気持ちを前向きにする力、熱くする力があります。「人を育てるのは人でしかない」、これは私の勤める**eisu**の「基本精神」の一つですが、まさに人と人とが触発し合うことを通じて非認知能力が高まるのです。

よく見られる例では、同じ学校でも学年によって学年全体の雰囲気というか、気質がガラッと異なっていることがよくあります。たとえば明確な目標をもって一生懸命に努力している子がリーダー的に学年全体を牽引していると、みんなで目標に向かって努力しようという雰囲気が自然発生的に生まれて、結果的に高い合格実績が出る傾向があります。一方、潜在的な資質や能力はさほど変わらなくても、学年を引っ張るリーダー的存在がいないために、ダラッとしてしまう学年はあまり合格実績も伸びません。

人は他人から触発されて育つけれども、そのためには自分から他人を触発できるような主体的姿勢が大切です。そして人と人との間に切磋琢磨し合う環境が生まれることで、そこにいる人たちみんなが育っていきます。私は、そんなリーダー的存在を一人でも多く育てたい、そして、教育とはそういうリーダーを育む営みであると思っています。

受験勉強こそ、最高の機会

子どもたちにとって、自ら設定した明確な目標に向かって努力するとともに、他の子どもたちと切磋琢磨できる関係を築いていける、最高の機会があります。それが「受験」です。「合格」というゴールも、「勉強」という努力の手段もシンプルですし、勉強は一生懸命にやれば必ず成果（学力アップ）につながるものです。受験勉強を通して得られるのは、いわゆる学力（認知能力）だけではありません。自己を客観的に分析する能力（メタ認知能力）、自分の欲求を計画的にコントロールする能力（自制心）、物事を最後まであきらめずにやり抜く能力（ＧＲＩＴ）、目の前の課題に集中する能力（集中力）、緊張や不安な気持ちをコントロールする能力（いわゆる精神力）、仲間同士で課題を共有し協力して解決にあたる姿勢（協働性）など、さまざまな非認知能力が高まるのです。

受験勉強は悪ではなく、認知能力も非認知能力も高めることができる素晴らしいチャンスです。それを「受験勉強＝無意味なもの、必要悪」のように周囲の大人がレッテルを貼ることには、大きな違和感、そして怒りを感じます。

とはいえ、「受験のために、今はとにかく勉強しろ」と言われて納得する子どもはいないでしょうし、過剰なプレッシャーを与えられれば萎縮してしまうでしょう。私たち大人にできることは、受験勉強のその先にある価値を伝えることです。苦痛や困難を味わうことはあるけれど、壁を乗り越えた先にはこんな素晴らしい世界が待っているんだよ、こんな力がつくんだよと、未来を見せてあげることが大事なのだと思います。

今は、平生が非常時の時代です。決まったことをルーティン的にこなしているだけ、前例踏襲で動いているだけでは、豊かに生きていくことはできません。そんななかで、自分の生きる道を自分で切り開くためには、粘り強く愚直に物事に取り組む力が必要です。これこそが、認知能力と非認知能力そのものであり、これらは有事の時代を生き抜くためのマスター・スキルなのです。

私たちが真剣に受験指導に取り組むのは、子どもたちは受験を通して人生のマスター・スキルを習得できると確信しているから。切磋琢磨できる環境のなかで志望校合格に向けて努力することは、いつの時代にも価値あることなのです。

第４章

「なぜ勉強しなくちゃいけないの？」にどう答える？

勉強は、コスパがいい!?

「なぜ勉強をしないといけないのか?」「何のために勉強するのか?」誰もが子どもの頃に一度は、そんなモヤモヤを感じたことがあるのではないでしょうか。「将来の役に立つから」と親や先生に言われても、わかるようなわからないような……。大人になってから、同じ問いを子どもから投げかけられる立場になっても、自信をもって納得のいく答えを出すことはなかなか難しいことのように思います。

この問いに対する答えはもちろん一つではありませんが、私なら、こう答えます。「生き抜く力をつけるために、最もコスパ(コストパフォーマンス)がいいのが、実は勉強だからだよ」と。では「コスパがいい」とはどういうことなのか、順を追って説明していきたいと思います。

キャリアをデザインする ――仕事を時給で考える――

「なぜ勉強した方がいいのか」「勉強はコスパがいいとはどういうことか」を中学生・高校生に向けて伝える際には、キャリアデザイン――自分の人生の可能性や選択肢を増やしながら、自分の本当にやりたいことをゼロから育てて創っていくこと――の話から入るようにしています。現状の日本の教育システムでは、高校1年生の秋のタイミングで文系か理系かを選択し、進路の方向性を決めていきます。でも、その時点で将来やりたいことが決まっている生徒は、医療系を目指す子など、ほんのひと握り。大半の生徒は、やりたいことが見つかっていない状態です。まだ中学を卒業したばかりの15～16歳の子どもなのですから、それも当然です。

不確実性が増し、将来の見通しがきかなくなっていて、しかもものすごいスピードで変化している今の時代は、今ある仕事が5年後、10年後も存在するかはわかりませんし、働き方や職種の市場価値も今のままとは限りません。既存のキャリアで将来をイメージすることが難しくなり、かつてのような意思決定、明確なゴールから逆算して戦略を立てていく手法が通用しにくくなっている今の時代だからこそ、キャリアをデザインしよう！　自分の人生の可能性や選択肢、できることや得意なことを増やしながら、自分の本当にやりたいことを育てて創っていこう！　そう生徒たちに伝えています。

では、どういう領域で、どのようにして、自分の可能性や選択肢を増やしていけばいいのでしょうか。それを考えるきっかけとして私が使わせていただいているのが、藤原和博さんが提唱されている「仕事を時給で考える」（『45歳の教科書 モードチェンジのすすめ』（ちくま文庫））という考え方です。藤原さんは、リクルート出身で東京や奈良の学校で校長を務められ、「教育改革実践家」を名乗り、さまざまな指摘や提言をされてきました。

経済的に自立した稼げる大人を育てることは、間違いなく教育の目的の一つです。でも、学校にせよ学習塾・予備校にせよ、教育の現場ではあまりお金のことが語られません。お金の話、まして仕事の報酬の時給換算の話などは、場合によっては辛辣な聞こえ方をすることもありますから、避けられてしまうのでしょう。しかし、自分が幸せに豊かに暮らしていくためにはどのくらいのお金が必要で、どうやってそのお金を稼いでいくのかという話はとても大事ですし、キャリアデザインするうえでも欠かすことができないと私は考えています。だから、私はあえてこのテーマを生徒たちに投げかけています。

仕事の評価を決めるのは、まず希少性

次ページの図表4－1をご覧ください。ここで言う「時給」とは、需要と供給をベースにして決まる、1時間あたりに生み出す付加価値のことです。いろいろな仕事を「労働」に見立て、ある仕事が1年間で生み出した付加価値を日本人の年間平均労働時間で割ったものです。必ずしもその仕事の実態を正確に表しているとは限りませんが、「1時間でどれだけ価値を生み出すか？」をみるためのイメージになればと思います。

さて、日本人の時給は、図表4－1の一番左の最低賃金の930円から、一番右まで

突き抜けたところの間には100倍以上の差があって、日本で働いている人の誰しもが、この間のどこかにあてはまっています。ではなぜ、同じ1時間の労働に対して、これほどまでの差が生まれるのでしょうか？

その仕事の社会貢献のレベルに応じて決まるのでしょうか？　たとえばハンバーガーの調理・販売だって、企業コンサルティングだって、同じように世や人のために役立っており、「職業に貴賤なし」との言葉通り、どちらが上で、どちらが下という訳ではありません。

では、時給の大小はどのように決まる

図表4-1　職業ごとの時給（推定）

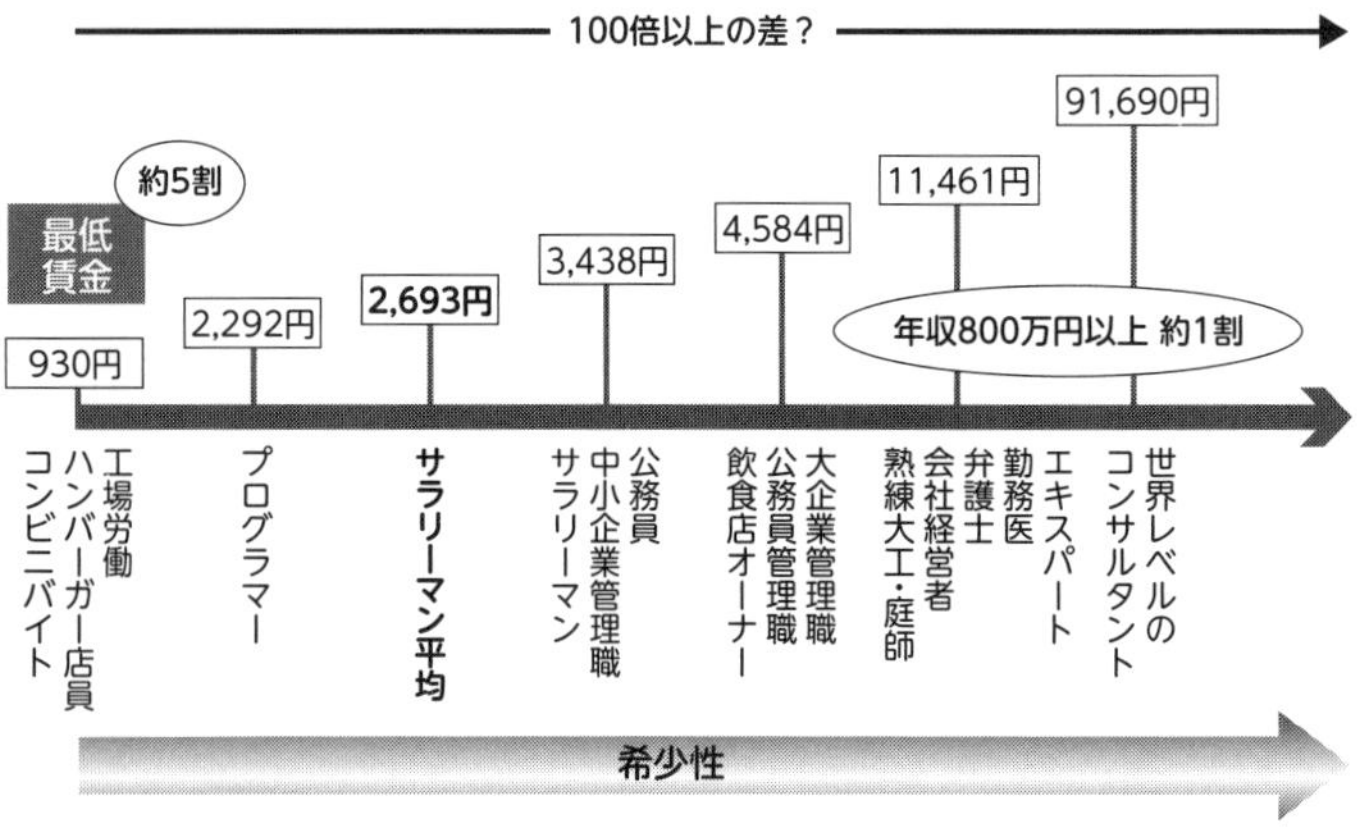

算出方法：推定年収÷1745時間（日本人の平均労働時間）
藤原和博「45歳の教科書」／国税庁：令和元年民間給与実態統計調査に基づき著者作成

のでしょうか？　結論から言うと、まずは「希少性」です。希少性とは、需要に対する供給の少なさのことです。図表４－１で言えば、左に行けば行くほど、マニュアル化・オペレーション化されている業務をそのままやればいい仕事になっていきます。こういう仕事は代替可能で、代わりになる人もたくさんいるので、希少性が低くなり、労働・人材市場においては安く買いたたかれる傾向にあります。最終的には、多くの業界で低水準の時給に揃ってしまうことになります。

続いて、図表４－１の右の方を見てください。右に行けば行くほど、希少性が高い、マニュアル化・オペレーション化されていない、いや、マニュアル化・オペレーション化することが難しい仕事になっていきます。頭脳やスキル、センスといったその人ならではの能力・資質で、社会の需要に応えたり、課題を解決したりするような仕事は、いわば、その人の能力・資質＝生み出される付加価値になるわけです。こういう仕事は代替困難で、代わりになる人も少ないので、希少性が高くなり、労働・人材市場においては高く評価される傾向にあります。結果的に、時給も高くなるというわけなんですね。

たとえば、一番右の世界的コンサルティングとは外資系戦略系コンサルティングのことです。今、大学生の就活市場で一番人気がある職種ですが、これを見ればなるほど納得です。同じ1時間働くなら、時給の高い仕事の人気が高まるのは当然ですものね。ではこの人たちは実際何をやっているのかというと、データ分析に基づいたロジックで戦略を考えて、民間企業の経営課題を解決するような、とにかく高度な知能が要求され、責任も重大な、その人にしかできない仕事をしているわけです。

そこで、キャリアデザイン、将来の仕事を考えるのに必要なポイントの1つ目は、希少性を高めることです！　つまり、自分にしかできないことや、自分の得意なことを極めることです。

余談ですが、日本の労働市場で、最低賃金水準レベルで働いている方はどれくらいいると思いますか？　厚労省のデータを見ると、コロナ禍もあるとはいえ、約5割です。これが日本経済の凋落の正体です。そして時給4584円……年収でいうと約800万円ですが、それ以上の収入があるのは市場全体の約1割に過ぎません。厳しいですが、これが日本の現実なのです。「国を支えて国を頼らず」の精神で、自分はどうしていくか？　を考えることが大切です。

もう一つの因子、市場性

さて、仕事の経済的価値を決める因子は希少性だと言いました。しかし、もしそれだけだとすると、他の人ができないことをできる人は、皆、ここで言う時給が高くなることになります。でも、本当にそうでしょうか？　そのことを深掘りするために、わかりやすい例で考えてみましょう。

私はスポーツ観戦が大好きで、しかも日本が大好きなので、日本の選手が出場している国際的なスポーツイベントは夢中になって観てしまいます。世界の舞台で活躍する日本の選手たちは、どの人も世界レベルのたいへんな希少性の持ち主ですが、この人たちの収入はどうなっているのでしょうか？　そこで、国際的スポーツイベントの最たるものであり、多種多様な競技が行われるオリンピックを例に採り上げてみます。

図表４－２は、日本人オリンピック選手の競技を、一般の労働と仮定して、あくまで

も推定ですが、種目ごとに平均時給に換算してみたものです。

　総じて、意外と時給が高くないうえに、競技種目によってすごく差があります。オリンピック選手なんて希少性の塊ですから、たいへん高い水準の時給を得てもおかしくないはずなのに、これはいったいどういうことなのでしょうか？

　そもそもスポーツ選手の「仕事」とは何でしょうか？　表層的に言えば、「観衆を、希少性の高いパフォーマンスで魅了して、感動や勇気を与えること」。ですから経済的観点から言えば、仕事としてのスポーツとは、コンサートや映画等と同じ「興行」になります。たとえば図表４－２の右サイド

図表4-2　日本人オリンピック選手の競技・種目ごとの時給（推定）

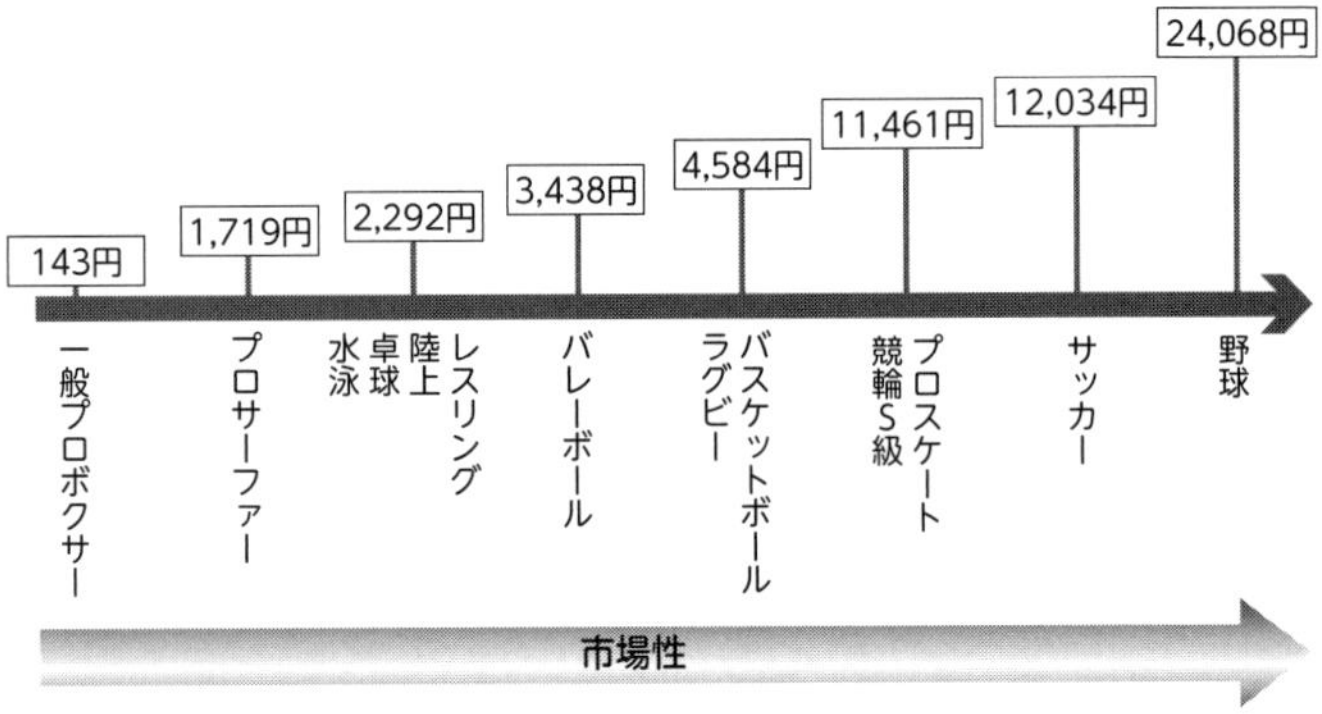

算出方法：推定年収÷1745時間（日本人の平均労働時間）
HALF TIME「スポーツ選手の給与 ― スポーツ選手は給料をどうやって稼ぐ？」に基づき著者作成

の方、サッカーや野球のように、自分のお金を払ってでもトップレベルのパフォーマンスを観たいという人がたくさんいる競技は、提供される財・サービスに対するお金を伴うニーズが大きいということであり、これを「市場性」が大きい、と言います。このような競技は、プロ化されているかどうかも関係しますが、チケット・グッズ収入、ＴＶ中継などによる広告収入、企業のサポート・スポンサー契約料等の収入が潤沢に入るので、そこで活躍する選手の時給は爆上がりするのです。

それに対して左サイドの競技を見てみましょう。そこでは、どれだけ希少性の高いスキルがあったとしても、また、オリンピックでは一時的に注目されたとしても、平時にはなかなか注目されにくいという現実があります。お金を出してでも観たいという人が少なければ、つまり市場性が小さければ、ＴＶ中継はもちろん、企業サポート・スポンサーもつきにくく、トータルとして入ってくる収入も小さくなりますから、選手たちの時給も必然的に低くなってしまうのです。一見すると華やかにも見える舞台の裏側には、厳しい、シビアな現実があるのですね……。

つまり、いくらレアな人材であっても、そこに需要がなければその価値は評価されにくくなります。そこでキャリアデザインに必要な次のポイントは、市場性、つまり社会の需要に応えられ、社会の課題を解決できる、そういう能力を身につけることが大切になります。市場性あってこその希少性というわけですね。

このように、自分のキャリアをデザインする際には、市場性の高い領域と、希少性の高い能力やスキルとを、掛け合わせて考えることが重要です。

勉強は汎用性の高い手段

スポーツで成功しようと思えば、人生を捧げるような、血のにじむような努力はもちろんのこと、もって生まれた才能や資質も必須であり、ほんのひと握りの人しか成功できないイバラの道を歩むことになります。さらに、それだけ多くの努力と天賦の才を掛け合わせて希少性の高いスキルを身につけても、通用するのは、ラグビーならラグビー、水泳なら水泳と、特定の競技・種目だけに限られ、しかも選手として活躍できる期間もそう長くありません。

たとえば、日本において女子の競技人口がもっとも多いスポーツは、バレーボールです（私自身、高校までバレーボールをやっていて、観戦するのが好き過ぎて、今や試合の実況中継ができるレベルにまで鍛えられました（笑））。高校女子のバレーボール人口は、推計約５万８０００人。一方、国内最高峰のプロリーグであるＶ１リーグに進めるのは毎年30名前後ですから、その割合は約０・０５％、つまり２０００人に１人のレベルです（実は、この30名は大卒も含んだ数なので、高卒だけに限ればもっと少なくなります）。そのうえ、プロで活躍できるのは20代後半からせいぜい30歳前後までで、選手生命がとにかく短い！　しかも現役を退いても、そこからさらにバレーボールの世界で仕事ができる人はごくごく一握りです。スポーツで成功すること、スポーツで生活するということは、本当に難しいことです。ですから、スポーツをキャリアにしている人はすごい人なのです。

このように、明確に「これがやりたい！」という目標を持ち、そのために努力・研鑽をし続けているのなら、それをキャリアにしていくのがいいでしょう。でも、そうでない人がキャリアをデザインしていくにはどうしたらいいでしょうか？　それは、幅広い分野で、しかも長期間にわたって通用するスキル、つまり「汎用性」の高い能力を身につけていくのが最善の選択肢です。

では、大きな市場性を持ち、希少性も高く、しかも汎用性の高い能力とは何でしょうか？ 結論から言うと、それは認知能力、すなわち「知能」です（図表4－3）。

知能は、およそ課題解決をする必要がある場面では必ず求められる能力ですから、特定の分野に限らず、社会や人から広範囲に求められるため、市場性も大きくなるのです。また知能は努力すればするほど高められますから、それによって自らの希少性を高めることができますし、スポーツのように、ほんの一握りのトップレベルにまで高めなくても、社会的に十分通用します。さらに変化し続ける

図表4-3　希少性と市場性の重なるところ

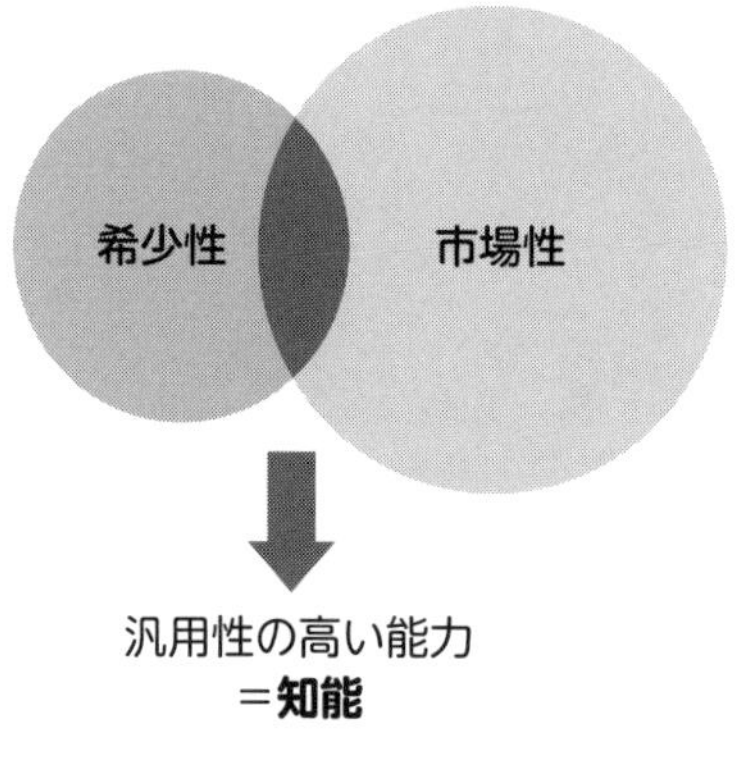

環境に合わせてアップデートするのは身体能力と比べると比較的容易です。幅広い分野で、しかも長期間にわたって活用できる知能は、汎用性の高さという観点から言えば、人間の他のどんな能力にも優っています。ですからキャリアデザインは、まず知能のデザインから！　ということですね。

そして知能を高めるための努力、それが「勉強」です。私が「勉強はコスパがいい」と主張するのは、まさにこれが理由です。勉強とは、知識を仕入れ、自分の頭で考えて状況に応じて知識を活かし、問題を解決する能力を高める行為です。樹木でいうところの幹、まさに根幹となる知能を育てるために、勉強はとても有効なのです。その幹がしっかりとしていれば、そこから枝を張り、葉を繁らせることができます。つまり、勉強を通して得た知能を、幅広い領域で、かつ、長い期間にわたって、活かすことができるのです。

また、勉強は、一生懸命に努力すればするだけ、成果につながります。脳科学者の中野信子さんによると、学力における遺伝要因は45％程度で、残り約55％は環境要因だそうです。学力は生まれつきの資質・能力だけで決まるわけではなく、努力次第で伸ばすことができる、つまり、勉強はコスト(時間・労力・お金など)をかけただけそこから得られるリターンも大きく、そういう意味でも「コスパがいい」のです。

先ほどバレーボールを例に出しましたが、それと比べてみると、勉強の「コスパのよさ」がよくわかります。

たとえば国内最高峰の東大には、毎年約3000名が入学します。18歳人口が約100万人、うち半数が大学を受験するとして、東大の合格率は0・6%、1000人に6人の割合です。確かにそれは「狭き門」です。しかしバレーボールが2000人に1人だったのと比べると、東大の合格率は2000人に12人ですから、どちらが「狭き門」かは言わずもがなですね。

しかも、身につけた高度な知能は、生涯にわたって活用できます。努力の量や度合いを数値化することは簡単にはできませんが、「勉強のほうがコスパがいい」というのはそういう理由からです。

もちろん、人にはいろんな才能や資質がありますから、それを活かす方向で努力するのがいいと思います。でも知能ならば、スポーツや芸術のように取り立てた才能や資質がなかったとしても、努力次第で自分の身を立てていくのは十分可能です。能力の汎用性という点で見る限り、知能に及ぶ能力はないのです。

こうしてお話をしていると、私は「スポーツよりも勉強が大事！」と言っているように聞えるかも知れません。でも、実はまったくそうではありません。むしろ、スポーツ大好きな私としては、この現実はとても悔しく、残念でしかたがありません。

そもそもなぜ、一部の競技を除いてスポーツの「コスパが悪い」のかと言えば、希少性に対して市場性が十分でないからです。スポーツで希少価値を築くのには膨大なエネルギーが必要なのに対し、それに報いるだけの日本の市場が大きくないのが最大の原因です。ですから、国全体の経済が衰退すれば、それだけスポーツ選手のような高い希少性を持った人たちの生きる場が奪われてしまうのです。

しかし、日本の子どもたちの多くが勉強に力を入れ、知能を高め、経済活動を拡大していけば、スポーツの市場も拡大することができます。そうなれば、一生懸命に努力しているスポーツ選手たちもそれに見合ったリターンを得ることができます。社会が豊かになり、市場性が拡大すると、希少性を持つ人はより報われやすくなるのです。それを思うと、スポーツを盛り上げるためにも、一人ひとりが自分のできることでがんばっていく、それが大切ですね！

私が勉強を〝最大の武器〟と考えるワケ ——私の生い立ち——

人生を切り拓くうえで、勉強は最大の武器。これほど汎用性が高くコスパのいいものはない。私がそう考えるようになった背景、そして、教育に献身したいと思うようになった背景には、私自身の生い立ちがあります。

私は三重県松阪市(現)の出身です。市町村合併で松阪市になった田舎の町で、サラリーマンの父とパートタイマーの母の間で生まれ育ちました。当時の暮らしぶりは「中の下」といったところでしょうか、決して裕福な家庭ではありませんでした。

母自身は高卒でしたが、私と2歳年下の妹が幼い頃から、いわゆる「教育ママ」でした。そして、母はことあるごとに、私たち姉妹にこう言っていました。

「あなたたちが大きくなる頃には、女性も男性と同じように活躍できる社会になっている。そうなってからあわてて努力しても遅い。女の子だからこそ、しっかり勉強しなさい」

今でこそ「学力における遺伝要因は約45％、環境要因は約55％」というエビデンスがありますが、30～40年前はそのようなデータはありません。しかし母は当時から、「どういう環境のなかでどういう人から学ぶか、どういう人と友だちやライバルになるかで、人の人生や能力はいくらでも変えられる」と信じていました。そして、その信念のもと、私と妹には少しでもいい環境に身を置いてほしいと願い、教育には積極的に投資してくれました。幼少期から家庭学習教材ポピーを購読し、小学6年生のときには、塾にも通い始めました（その塾が、今、私がCOOを務める**eisu**です）。

ですが、約45%は遺伝要因であるわけですから、学力の伸びに限界があるのは事実です。どれだけ一生懸命勉強しても、全員が東大に合格できるわけではありません。ですから私も私の妹も、決して遺伝的に優れていたわけではないですが、もっている力をなんとか振り絞って大学受験を突破したというのが率直な実感です。言い換えると、経済的にも生まれつきの才能的にも恵まれていたわけではなくても、一生懸命に勉強できる環境に身を置かせてもらえたことで、自分自身の価値を高めることができたわけです。今の自分たちがあるのは、このときの家族みんなのがんばりのおかげです！　私たち姉妹の教育のために自分たちは質素・倹約に努めていた両親には、本当に感謝しています。

こうした私たち姉妹の実体験から、「どのような家庭に生まれ育っても、教育の力で人生を豊かにできるんだ」、「勉強は、自分の力で人生を切り拓いていくための最大の武器なんだ」と確信するに至りました。そして、そんなパワーをもった教育に携わりたい、子どもたちに勉強を通して生きる力を身につけてもらいたい、そう考え、教育の世界へと飛び込んだのです。

勉強は、負の連鎖をも断ち切る

すべての子どもに勉強をしろと言うつもりはありませんし、勉強だけをしていればいいというわけではありません。スポーツや芸術など何かに秀でたものがあれば、徹底的に努力して、その能力を伸ばせばいいでしょう。でも、高校生くらいになるとほとんどの子が、それで生活していけるほど特別に秀でたものをもっているわけではないというのが現実です。では、どうするか。「どうせ自分なんて」と卑下し、自己肯定感を下げてしまうのか、「自分でもできることはないか」と模索するのかで、その後の人生は大きく変わります。

繰り返しになりますが、一生懸命に勉強することを通して、私たちは汎用性の高い能力を身につけることができます。多くの人にとっては、勉強することで、人生の可能性を広げることができます。親が子どもに勉強をさせるのは、愛であり責任であると思うのです。

一方、経済状況や家庭の事情によって、子どもに十分な教育環境を与えられないケースもあるでしょう。昨今は、親の所得格差が教育格差につながり、貧困のスパイラルから抜け出せなくなっている子どもが増えているという話も耳にします。しかし、貧困のスパイラルを断ち切ることができるのもまた、教育であり勉強です。近年はデジタル化が進み、塾や予備校に通わなくてもさまざまな学習ツールにアクセスすることができるようになっています。なかには無償で利用できるものも少なくありません。その気があれば、どのような状況でも勉強ができる時代です。貧しいからと諦めるのではなく、そういう状況にある子にこそ、勉強を武器にして自分の力で負の連鎖を断ち切ってほしいと思います。

さて、キャリアのデザインはまず知能のデザインからと言いましたが、現代社会では、知能は知能でも人工的な知能、つまりＡＩ(Artificial Intelligence)と、私たち人間の知能とが競合を始めています。そこで次の章では、ＡＩを切り口にして知能デザインの話を進めたいと思います。

第5章

AI時代に必要な本質的な能力とは？

育てるべきは、母国語リテラシー

新井紀子さんの著書『ＡＩ vs. 教科書が読めない子どもたち』（東洋経済新報社）は、教育業界にも大きなインパクトを与えました。著書では「東ロボくん」と名づけられたＡＩの知能レベルの高さが説明されているのですが、このＡＩは、実に、国内全大学の全学部・全学科を総計したうち約80％に合格できるレベルに達しているのだそうです。この数字は書籍が書かれた２０１８年の段階のものですから、２０２３年現在ではより高度になっていることでしょう。

ＡＩの知能がここまで高まっているのであれば、私たち人間は、ＡＩに代替されにくい高度な知能をデザインしていく必要があります。では、それは具体的にどのようなものでしょうか。

言うまでもありませんが、記録された情報を必要に応じて引き出したり、数値を計算したり、大量の情報を瞬時に分析したりするのは、人間よりもＡＩの方が遥かに優れています。しかし一方で、ＡＩは上記の80％以外の大学・学部、たとえば東大をはじめとした上位約20％（一学年の全人口の約1割に相当）の大学や学部・学科には合格できなかったわけですから、まさにそこにこそ、この問いに答えるヒントがあります。

では、ＡＩでは合格することのできない上位約20％（一学年の全人口の約1割に相当）の大学や学部・学科に合格できるような知能とは何でしょうか？　言い換えれば、ＡＩに代替されにくい高度な知能とはどんなものでしょうか？　私が提示する答えは、「母国語リテラシー」、つまり日本語による論理的思考力・読解力、ひいては、学力としての国語力です。

私は、これまで大勢の大学受験生を直接指導するなかで、論理的思考力・読解力の基盤とされる国語力、つまりペーパー試験で測ることができる学力・教科としての国語の重要性を痛感してきました。そして国語と他教科、ひいては全体学力との間には正の相関があるのではないか？　という考えを長年抱いてきました。実際、学力上位生は総じて国語のペーパー試験の成績が良いのです。そこで私は、高大接続改革に関する資料が文科省から出始めた2010年代中盤から、eisuの保護者・生徒はもちろん、塾業界に対しても、国語力育成の重要性とその方法について広く呼びかける活動をしてきました。

そして私の指導対象が旧センター試験から現行の共通テスト受験世代になったことで、「従来のセンター試験と比較すると、2021年から導入された新テストの共通テストの方が、学力として、教科としての国語力がより一層重要になっているのではないか？　国語と他教科、ひいては全体学力への相関がこれまでに増して強まっているのではないか？」という仮説に至ったのです。

さらに、共通テストがこれからの先行き不透明な時代を生きていく子どもたちに必要とされる資質・能力を育み、そしてそれを評価することを目的に新たに導入されたこれまでの経緯を考えると、共通テストでさらに重要視されている学力を明らかにすることは、これからの時代に必要な資質・能力といった、正直、抽象的でわかりにくい資質・能力をより具体化できるのではないかと思いました。そうすることで、eisuでの指導に直接役立てることはもちろん、塾業界や、現在、国が推し進めている教育改革の一助になればと思い、大学院博士課程で研究することにしました。

ここでは、その研究の要点だけをお伝えしたいと思います。どうかしばらくお付き合いください。

共通テストにみる読解力の重要性

どの教科・科目でも問題文の情報量（文字量）が膨大だというのが、共通テストの特徴の一つです。高校生の保護者世代が共通テストの問題を見たら、その量に驚かされることでしょう。それほどまでに、この20年間（2020年まではセンター試験）で出題問題の総文字数・単語数や情報量は増大しています。

図表5－1は、2000年～2020年に実施されたセンター試験（本試験）の5年ごとの、そして2021年・2022年に実施された第1回・第2回共通テストの、各教科・科目の出題問題総文字数（英語は総単語数）をまとめたものです。

センター試験期の2000年～2020年においても増加傾向が見られますが、

２０２０年に最終実施されたセンター試験と２０２１年に元年実施された共通テストとを比べると、英語（リーディング）は４２１６語から５４９５語へ、数学Ⅰ・Ａは３３６１字から７３０３字へ（時間は60分から70分に拡大）、数学Ⅱ・Ｂは３２７４字から５７１０字へ、世界史は８４４６字から１４６４８字へと、大幅に増えています。

具体的に見ていきましょう。英語（リーディング）では、いわゆる知識問題は姿を消し、全大問が長文読解問題になりました。これにより、

図表5-1　センター試験から共通テストまでの
主要教科・科目における出題問題総文字数

年 教科・科目	2000年	2005年	2010年	2015年	2020年	2021年	2022年
国語	19,244	19,299	22,045	23,568	22,266	20,475	21,108
評論【現代文】	6,733	6,305	6,464	8,452	7,306	7,343	6,413
古文	4,342	3,922	4,860	4,490	3,381	3,419	4,342
英語【リーディング】	3,046	3,902	3,523	3,666	4,216	5,495	5,958
数学Ⅰ・A	2,530	2,291	1,585	2,795	3,361	7,303	8,750
数学Ⅱ・B	2,225	3,836	4,521	2,755	3,274	5,710	7,740
日本史	10,192	8,987	10,269	12,580	14,124	12,880	16,320
世界史	9,889	9,927	8,378	9,203	8,446	14,648	13,578
化学	4,906	5,658	5,161	5,940	6,906	6,187	7,862
物理	3,565	4,363	5,580	5,619	5,395	6,505	7,900

独立行政法人大学入試センター公表の過去の試験問題から著者が作成
5年ごと2000年～2020年はセンター試験、2021年・2022年は共通テスト
英語については総単語数
2022データは著者原論文のデータに著者自身が追加

2022年共通テストの出題問題総単語数は、2020年センター試験の約1・4倍、2015年の約1・6倍、2010年の約1・7倍となっています。解答時間は同じ80分ですから、たとえば2022年と2010年とを単純比較すると、英文を約1・7倍のスピードで読んで解答することが求められるというわけです。

また、数学Ⅰ・Aについては、会話文をもとに数値・数式にして条件化したり、表やグラフから考察したりする問題が多く出題されています。共通テストになってから解答時間が60分から70分（約1・2倍）に延びたとはいえ、問題冊子のページ数は2020年から4ページも増えており、出題問題の総文字数は2020年の約2・6倍、2015年の約3・1倍、2010年の約4・6倍にも及んでいます。数学Ⅱ・Bも傾向は数学Ⅰ・Aと同様で、ページ数は2020年から10ページ増、出題問題の総文字数は2020年の約2・3倍、2015年の約2・1倍、2010年の1・7倍となっています。

こうして数字をみると一目瞭然であるように、共通テストはセンター試験に比べて、処理すべき問題の情報量が圧倒的に増えています。

国語と他教科の学力の相関性

この研究で、私は、高等学校の共通必修科目で、主要3教科とされている、国語・英語・数学の教科間や全体学力の3教科総合間の相関を、従来のセンター試験、共通テストのそれぞれ学生たちの本試験の得点成績結果（自己採点結果）を用いて分析しました。なお共通必修科目ではない理科・社会については、対象データ数が少ないことや選択科目数が多いため、科目間での受験者数や難易度による落差が大きいこと、また科目数合わせで受験したと考えられる生徒も少なくはないこと、などから客観性と公平性を担保することが難しいと判断したため、今回は使用しませんでした。

結論を申し上げると、共通テストでは国語と他教科（英語・数学）・3教科総合の相関が強まっていることがわかりました。一方それ以外の相関性、たとえば英語と他教科（数学・国語）・3教科総合、数学と他教科（英語・国語）・3教科総合との相関は、逆に弱まっていることがわかりました。

つまり、共通テストを従来のセンター試験と比較した場合、ただ国語だけが、他教科（英語・数学）や3教科総合（全体学力）への相関が強まっていたのです。

ここから、センター試験から共通テストにかけて、ただ国語だけが他教科や全体学力（3教科総合）へ及ぼす影響が強まっていることから、国語の重要性が高くなっていることが実証されました。

わかりやすく言いますと、「国語で高い点数を取っている生徒ほど、他教科や3教科の合計点でも高い点数を取る」という傾向が、共通テストではより顕著になったということです。共通テストは、国語が得意な生徒にとって有利なテストであり、反対に、国語が苦手な生徒で母国語リテラシーが身についていない生徒にとってはハードな試験だと言うこともできます。

英語・数学といった国語以外の教科においても、問題全体の総単語数や総文字数、つまり情報量が増えれば、それに伴って、より高い情報処理能力が要求されることになります。それらの情報を脳内で処理する際には母国語、つまり日本語が主となるわけですから、制限時間内で膨大な文章を速く正確に読み解くには母国語リテラシー(日本語による論理的思考力・読解力)、あるいは学力としての国語力が必要になります。
そこで、今後、共通テストにおいて各教科や全体的に高い学習効果や成果を発揮するためには母国語リテラシーの育成が重要で、また共通テストは、これからの時代に必要な資質・能力の育成とその評価を目的に導入されたものであることを考えれば、母国語リテラシーの育成こそ、これからの時代に求められる教育の成否のカギなのです。

なおこの研究の被験者は、三重県内の学力レベル上位約25%以内の進学高校に当時在籍していた高校3年生であり、センター試験・共通テストともに、受験者全体はカバーされていません。しかし私の経験上、成績中下位の生徒のほうが「国語ができないから他教科の学習もうまく進んでいない」傾向が強いですから、被験者の範囲を拡大すると今回の結論はより鮮明になるのではないか？ との仮説を立てています。機会があればぜひ実証に取り組みたいと思っています。

国語が重要になってくるワケ

しかし、このことは、改めて考えてみると当然のことです。

先述したＡＩ（東ロボくん）が合格できない上位20％の大学や学部・学科の入試問題を見ますと、教科・科目を問わず、高度な母国語リテラシーが要求されているのは周知の事実です。

上記の大学や学部・学科の個別試験問題をみても、文章の読解量がとにかく多い！　たとえば英語の設問をみても、英文和訳では英文の内容を正しく論理的な日本語で表現できるか、また和文英訳では与えられた日本語文の趣意や論理を英語で正しく再現できるかが求められていて、英語だけをいくら勉強しても、十分な国語力がなければ合格水準に達することはできません。

また、数学では設問条件、理科では実験のプロセスなどといった解答に必要な情報は、難度の高い日本語で説明されている場合が多く、理系教科にしても高度な日本語読解力を前提にした出題になっています。

上位20％の大学・学部・学科が課すような試験問題は、「こう尋ねられたら、ああ答えればよい」といった統計的なパターンで対応するだけでは決して太刀打ちできず、文章を通じてその意味内容や背景事情、論理などについて深く理解していくことが必須になります。しかしＡＩは、言語情報を統計的に処理しているだけで、そうした意味内容などには触れませんから、こうした大学の試験問題に対応することはできないのです。

そもそも、全ての学問、教科・科目の内容は、言葉を媒体とし、言葉によって記録・説明・伝達されます。学生たちが自ら主体的に学ぶ・勉強するときに活用する教科書や参考書も、基本はみな母国語である日本語で書かれ、また講義・授業も日本語で行われています。

たとえば物理を勉強することはどういうことでしょうか？　その様子を客観的に観察してみれば、物理について日本語で論理的に説明している教科書や参考書を読み解いたり、講義を聴き取ったりする作業にほかなりません。こうして考えれば、私たち日本人にとって学問する、勉強するというのは、結局、難しい日本語を読み聴きする作業と等しいのではないでしょうか。

数学にしても、数値を計算するだけなら国語力はあまり関係なさそうに見えます。しかし、おおもとになる概念の定義や、演算規則を理解したりするためには、日本語による説明や理解がどうしても必要となります。まして数字や数式で与えられる情報だけが数学ではありません。現実世界や日常生活を数学的に扱うためには、まず日本語で与えられる情報を正確に理解することが大前提になります。日本語情報の数学的解釈を重視する方向性は、共通テストの数学でもはっきり示されています。

そう考えると、国語と他教科の間の相関性には納得がいくはずです。たとえ独学であっても、ベースとなる国語力が高ければあらゆる教科・科目において学習効果・効率が上がります。ですから学力が伸びるのです。

国語に苦手意識をもつ子どもたち

さて、国語の重要性は明らかとなりましたが、大学受験の指導現場にいますと、実際は国語が重視されているようにはとても見えません。国語に力を入れた指導を提唱するにしても、まずは現状を調査する必要があると考え、国語に関するアンケート調査を実施しました。三重県内の進学校に通う高校1・2年生を対象にしたもので、次の5つの質問に回答してもらいました。

Q1　あなたは国語、とくに論理的文章（＝評論文）を読解する、読解問題は得意ですか？
Q2　これまで小・中・高の学校の国語の授業でQ1の訓練が十分できたと思いますか？
Q3　あなたは国語、とくに論理的に文を書いて答える、記述式問題は得意ですか？
Q4　これまで小・中・高の学校の国語の授業でQ3の訓練が十分できたと思いますか？
Q5　5教科のなかで国語の学習の優先順位は何番目ですか？

109ページの円グラフ内の数字に誤りがありました。
正しくは下記です。お詫びして訂正いたします。

Q１ 論理的文章の読解は得意ですか？

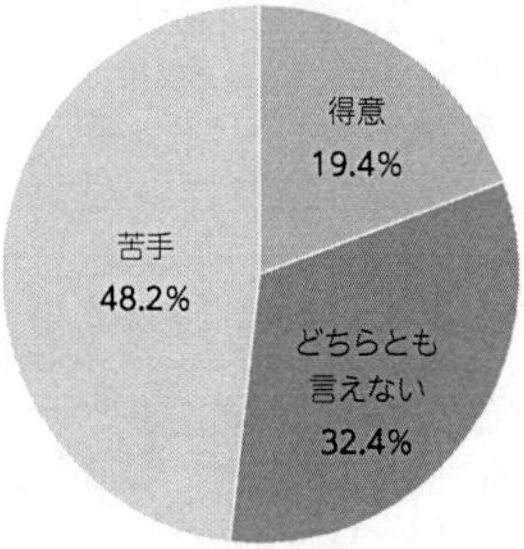

Q２ 学校の授業でQ1の訓練が十分できたと思いますか？

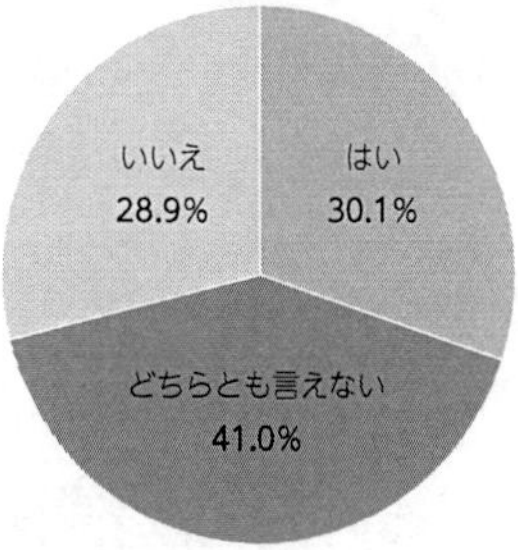

Q３ 記述式問題は得意ですか？

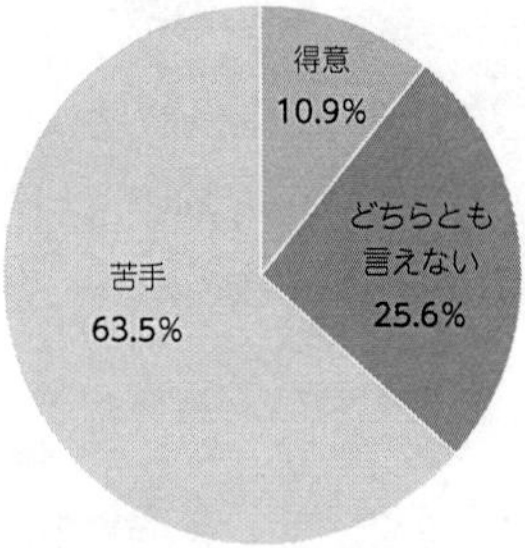

Q４ 学校の授業でQ3の訓練が十分できたと思いますか？

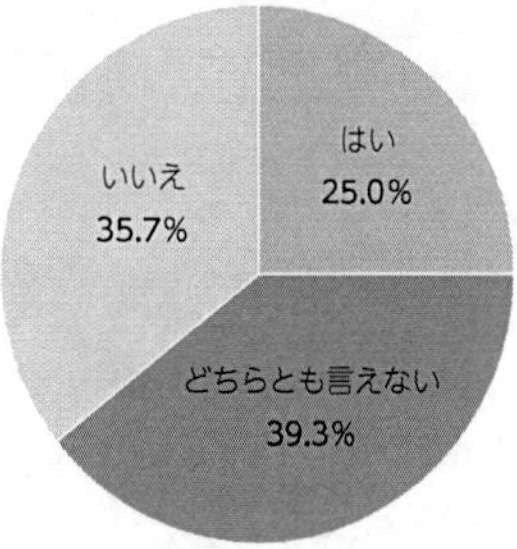

Q５ ５教科のなかで国語学習の優先順位は何番目ですか？

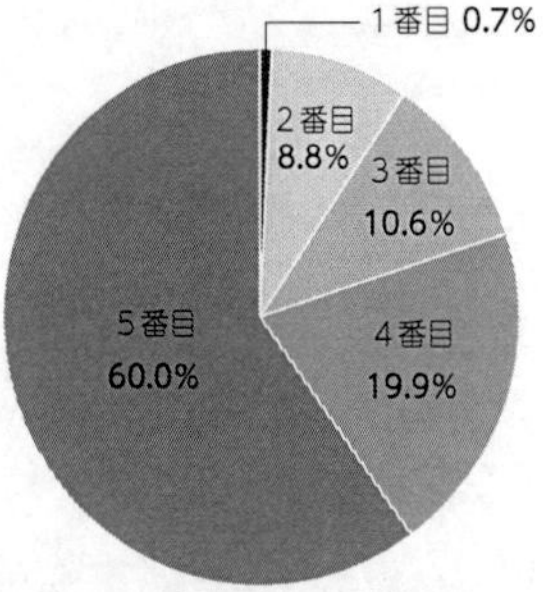

結果は、次のとおりです。

Ｑ１ 論理的文章の読解は
得意ですか？

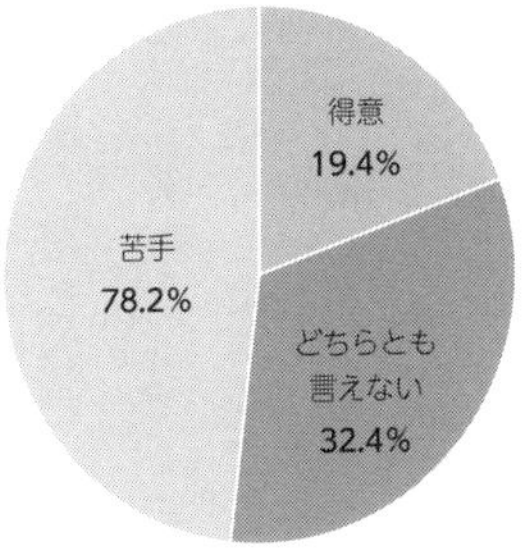

Ｑ２ 学校の授業でQ1の訓練が
十分できたと思いますか？

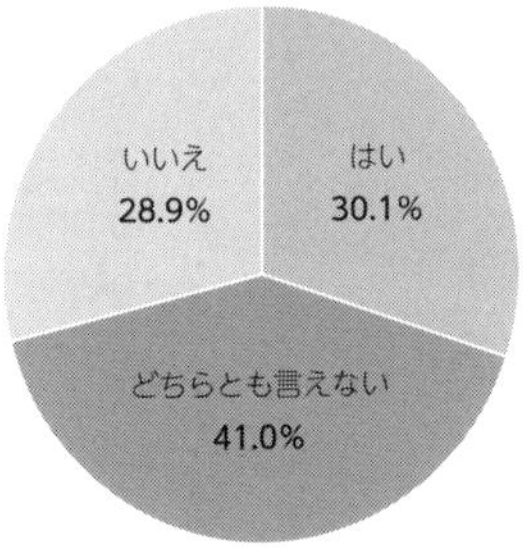

Ｑ３ 記述式問題は得意ですか？

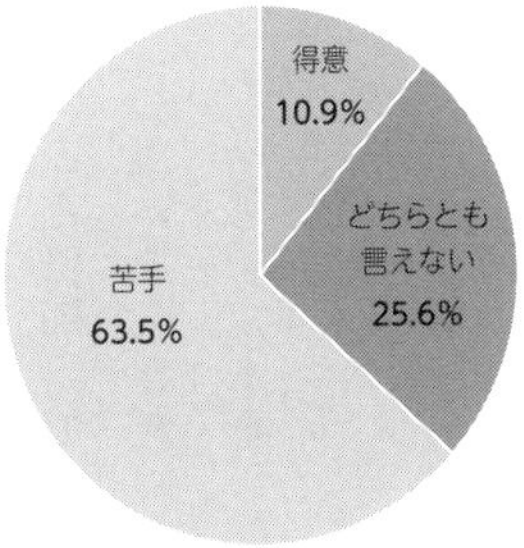

Ｑ４ 学校の授業でQ3の訓練が
十分できたと思いますか？

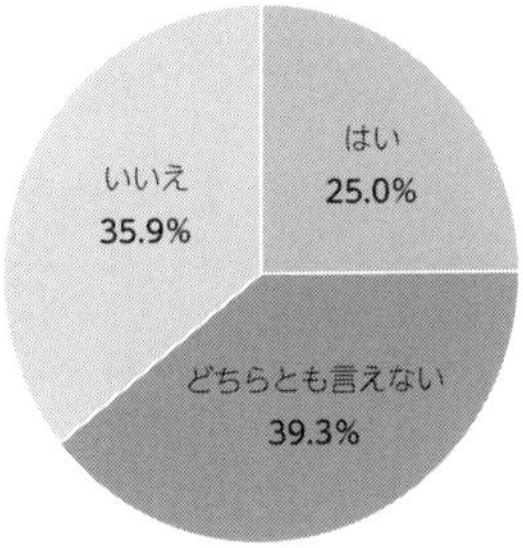

Ｑ５ ５教科のなかで国語学習の優先順位は何番目ですか？

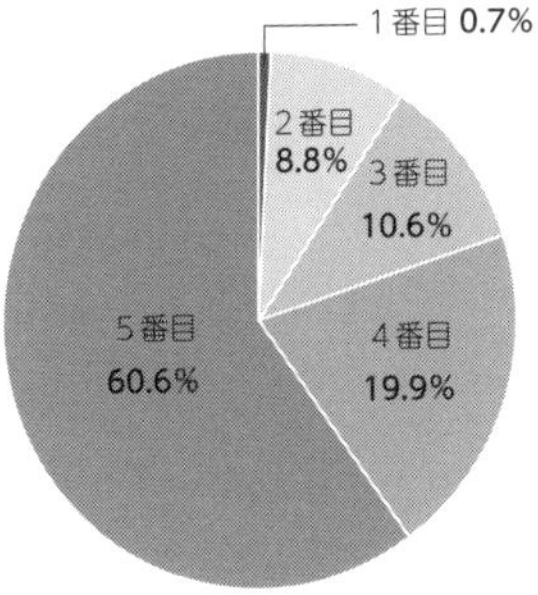

国語が苦手だと感じている生徒が多いことに加えて、学校の授業だけでは十分でないと感じている生徒が多いことにも注目していただきたいと思います。三重県内の学力上位生を対象とした調査でさえこのような結果ですから、学校における国語教育が十分に機能しているとは言い難いでしょう。

日本の子どもの学力低下の原因は、まさにここにあるのではないでしょうか。しかし、小中学校の国語の授業時間数は、学習指導要領の改訂により著しく削減されており、私は危機感を感じています。これからの時代に必要な資質・能力である国語の教育・指導を見直し、改革すべきではないでしょうか。また、理由はともあれ、Q5に見られるように、国語の学習に対する意欲や学習時間が少ないことも深刻な問題です。教科のプライオリティを考慮にいれたカリキュラムや学習スケジュールの再考も必要だと思います。

なお具体的な母国語リテラシーの高め方については、次の6章で詳しくお伝えしたいと思います。

ＡＩに負けない知能を手に入れる

最初の話題に戻りましょう。上位20％の大学・学部・学科に合格できる知能、言い換えればＡＩに代替されにくい知能として、私は母国語リテラシーを挙げました。ＡＩはルールや法則に則って計算をしたり対応したりすることが得意です。逆にいうと、ルールや法則がない予想不可能な状況での判断やアクションは苦手です。その際たるものが、人を相手にしたコミュニケーションです。コミュニケーションが苦手な人を、ロボットのようだと形容することがありますが、まさに、人間を人間たらしめているのは、円滑なコミュニケーション能力なのです。

コミュニケーション能力は、一般的に非認知能力にカテゴライズされますが、私は認知能力の一つでもあると考えています。コミュニケーションの原義は「意思伝達」であり、私たちは言葉によって意思を伝達しています。もちろん、臆せず人と話す、態度から察する、空気を読む、行間を読むというのも大事な能力です。スムーズに言葉のキャッチボールができることも大切でしょう。

しかし、コミュニケーション能力の根幹は、言葉を使って相手に自分の意思を伝えたり、相手の意思を理解したりすることです。意思の理解には、意味内容・背景事情や論理についての理解を必ず伴います。繰り返しになりますが、高度な意味内容や論理の理解には、高度なリテラシーが必須です。ですから、母国語リテラシーの高い人は、自ずと内容豊富で高度なコミュニケーションができるようになります。それこそ、ＡＩにはできないことなのです。なぜならコミュニケーションにおいても、ＡＩは、人間がこれまでに行ってきたコミュニケーションのデータを統計的に処理し、「こう尋ねられたら、ああ答えればよい」という作業を意思と関係なく行っているだけで、意味内容や論理の理解を伴っているわけではないからです。

もちろん、母国語リテラシーが高くコミュニケーション能力が高ければ安泰かと言われれば、決してそうではありません。そのうえさらに、高い専門性や広い教養、英語力やデジタル領域の知識・スキルといったものも、もちろん必要です。私がお伝えしたいのは、そういった資質・能力を積み上げていくためのベースとして不可欠なのが母国語リテラシーである、ということです。

高い専門性や幅広い教養は、大学で身につけることができます（そもそも、大学とはそのための場所です）。社会人になってから学び続けることでも、高めていくことができるでしょう。だからこそ、その素地として、母国語である日本語のリテラシーをはじめ知能を高めやすい高校生までのうちに、それをしっかりと身につけてほしいのです。

ここまでお読みいただき、母国語リテラシーの重要性を理解していただけたでしょうか。知能を競い合う相手がＡＩになるこれからの時代にこそ、必要不可欠な能力であること、そして、その重要性が社会であまり認知されていないことのリスクについて、皆さんにも改めて考えていただきたいと思います。

第6章

母国語リテラシーは どう磨く？

国語力はどこで身につけるのか？

前章では、ＡＩ時代に必要な本質的な能力は、母国語リテラシーであるとお伝えしました。では、母国語リテラシー、あるいは学力としての国語力を高めるためには、どうしたらいいのでしょうか。私は国語の専門家ではありませんが、専門家たちからの学びや、これまでの自分の指導経験から、ある程度お役に立てる提案ができると思います。そんなわけでこの章では、母国語リテラシーの育成法について思いつくままに幅広い視点でお話ししていきます。軽い気持ちで読んでいただければありがたいです。

では、改めて問うてみましょう。母国語リテラシー、あるいは国語力を育成するには、どうしたらいいでしょうか？

いわゆる「国語の授業」だけでは不十分です。なぜでしょうか。そもそも国語力は、学校や学習塾で授業を受けて初めて育成される能力ではないからです。

一般的に国語の授業とは、与えられた文章を解説したり、問題の解き方を学んだりする場です。もちろんこうしたやり方から外れた指導も見られますが、いずれにしても本来の国語力は、週に何回かの数十分の時間で育成される能力ではありません。

では、国語力は、どこで身につける能力なのでしょうか？

それは、生まれてから今に至るまでの、日常生活のすべて、生活環境のすべてです。

私たちは生まれたその日から今までの人生において、ずっと日本語のシャワーを浴び続けています。日々の生活や他者とのコミュニケーションといった私たちを取り巻く環境すべてが、国語力を育むシーンなのです。

人が最初に勉強する教科、それは国語

人が生涯で一番最初に勉強を開始する教科は、国語です。

生まれたばかりの赤ちゃんは、親御さんからさまざまな声がけを、ひっきりなしに受

けます。「かわいいね！」「○○ちゃん大好き！」「お母さんのことわかる？」「いないいないばあ」などといった言葉を、それこそ生まれたその日からかけられるのです。そして耳や目の機能が高まってくると、自分の身のまわりには、膨大な音声と模様のようなもの（文字）があふれていることに気づきます。国語力の芽生えは、聞こえてくる音声や目に見える模様（文字）の背後に、直接耳で聞いたり目でみたりできない何か、つまり「意味」があるようだと気づくところから始まります。言い換えれば、そこに「心」があることに気づくわけです（古い日本語では、「こころ」には「意味」という意味がありますね）。耳で聞く音声や目で見る模様を「言葉」として受け取って、そこに意味や感情や概念などを見出していくこと、それが言語活動の技能としての「聴く Listening」と「読む Reading」のスタートです。

さて、言葉をかけられて赤ちゃんが反応を返すと、親御さんたちをはじめ、周りの人たちが喜んだり、うれしがったりしてさまざまな反応を返します。たとえば赤ちゃんが「○○ちゃん」と話しかけられると、「ママ」と答える。すると、ママと呼ばれた人がものすごく喜んだりするわけですね。こうして言葉のキャッチボールが始まります。キャッチボールができることがわかると、赤ちゃんは、相手の反応を求めて自分から情報発信を始めます。それが「話す Speaking」と「書く Writing」の芽生えなのです。
こうした日本語4技能（「聴く Listening」「読む Reading」「話す Speaking」「書く Writing」）こそが、母国語リテラシーの核となります（もちろん、一般的には「読む Reading」と「書く Writing」が始まるタイミングはずっと遅いのが普通です）。

このようにして他者とのコミュニケーションが始まりますが、成長するにつれ、それはますます重要性を高めていきます。他者とうまくコミュニケーションできないと、人間らしい生活が営めないことにイヤでも気づかされます。ですから、子どもは日本語4技能を高めるのに必死になります。子どもは、親御さんをはじめ周りの人たちに教わったり自ら学び取ったりしながら、生まれたときから、真剣に、休むことなく、国語の勉強をし続けているのです。

子ども同士の国語力の不均等

そんなわけで、子どもは7歳頃に小学校に入るときには、すでに7年間にわたる国語教育を経験してきていることになります。しかし、この7年間の過ごし方は、基本はすべて家庭任せなので、それはもう、子どもによってバラバラなのです。ですから小学校に入る時点で、子どもたちの国語力にはすでに甚だしい不均等が生まれてしまっているのです。

考えてもみてください。この7年間で過ごしてきた国語の使用環境が、とてもレベルの高いものだったらどうなるでしょうか。使われる語彙やセンテンスが豊富で、難しい内容にも踏み込んだ会話が成り立つ環境で毎日を過ごしていたら、その子どもは、たとえ特に秀でた才能や資質がなかったとしても、相当高いレベルの国語力を身につけられるでしょう。一方、その逆の場合はどうでしょうか。「うざい」とか「ヤベェ」などの言葉しか交わされず、身の回りにじっくり読むような文字(本など)もなく、自分の気持ちを伝えたくても耳を傾けてもらえず、内容豊かな会話が全然成立しない……。もしそんな環境で7年も過ごしたら、よほど秀でた才能や資質でもない限り、優れた国語力が育つ道理がありません。

そして、国語力のレベルがバラバラな子どもたちが、たまたま生まれた年が同じで、育った場所が近かったからという理由で、一つの学校に通います。そして学校では、すべての指導が国語をベースとして行われます。国語の授業に限った話ではありません。算数も、理科も、道徳も、ホームルームも、すべて国語を介して、日本語のやり取りで指導が行われるのです（図表6－1）。

すると、すでに高い国語力をもっている子どもは、先生の指導も容易に聴き分け、教科書に書いてあることも容易に読み取ります。当然テストでもいい点をとれますから、勉強に対して自己肯定感・自己効力感が高まり、ますます勉強全般が得意に、好きになります。小学校、とくに低学年の実情を観察してみると、「勉強ができる子が国語もできる」というのではなく、むしろ「国語ができる子が勉強もできる」というのが正確ではないか？　とさえ思えます。

図表6-1　国語ができる子が勉強もできる

国語
国語
学校の指導はすべて国語ベースで行われる
先生の話が聴き取れる
教科書の内容が読み取れる
勉強ができる
成績が良い
自信がつく
先生の話が聴き取れない
教科書の内容が読み取れない
勉強ができない
成績が良くない
自信がつかない
正の連鎖
負の連鎖

一方、国語力のレベルが低い子どもは、先生の指導も聴き分けることができず、教科書に書いてあることもなかなか読み取れません。当然テストでもいい点がとれませんから、勉強への自信を失い、ますます勉強全般が不得意に、嫌いになります。こうしたループがいったんできてしまうと、それを後から絶ち切るのは簡単ではなく、それこそ学校を変えるなどの大きな環境の変化が必要になるほどです。

もちろん、国語力を介さずとも発揮されるような能力もあります。たとえば音楽や絵などの芸術方面の能力、運動などの身体能力、計算や単純な記憶力などの非言語的な知的能力で目立った成果を出すことができれば、国語力に不足があってもうまくやっていけるチャンスはあります。しかし、それこそ特殊な才能や資質が必要です。ピアノ、絵、サッカー、レスリングなどで身を立てていくレベルになる人は、生まれ持った才能や資質に、たまたまそれに相応しい環境がマッチした、ほんの一握りの幸運な人たちです。実際はそのような幸運は得られない場合がほとんどなので、国語力に不足があるとたいへん苦労することになります。

国語力は、すべての人に生涯にわたってかかわり、しかもある一定のレベルに到達しないとどの人にとっても死活問題になるような、普遍的性格のある重要度の高い能力です。こう考えると、知能になぜ汎用性があるのか？　また知能の本質としてなぜ国語力、つまり母国語リテラシーが重要なのか？　という先の問題についての答えも、自然に導かれてくるのではないでしょうか。

国語力の根幹は語彙にあり

さて、母国語をはじめ、言語能力を突き詰めると、最後は語彙（ボキャブラリー）の理解に行き着きます。論理的思考力・読解力の根幹にあるのは語彙です。私たち人間は、さまざまな語彙を使いこなして思考し、読解します。それゆえ、貧弱な語彙しか知らなければ、思考も大雑把で、稚拙なものになってしまいます。一方、語彙が豊かでそれを多彩に操る能力が優れていれば、緻密な思考が可能になり、より深い知識や教養を得ることができますし、表現力も豊かになり、より的確に物事を伝えることができます。

国語の入試問題では、語句の意味や正しい漢字表記を問う問題が出題されます。こうした問題を「単なる知識問題だ」と軽くみる人もいますが、私は国語力を試す良問の一つだと考えています。国語ができる子、学力が高い子は、こういう問題で失点しません。一方、「語句の意味や漢字なんて知らなくても、ググればわかる」なんて言っている子に限って失点し、全体的に点数が取れていないのです。語彙に始まり語彙に終わるというのは、どの言語も同じですね。

国語力を高めるには環境がキモ

ではここで、国語力を高めるためのポイントをお伝えしたいと思います。

まず、すべての基本になるのが、質の高いコミュニケーションが行われている場に身を置くことです。学校でも塾でも（もちろん自宅でも！）いいので、「ここで交わされているコミュニケーションに自分も参加できるようになりたい」と思えるような環境に、子どもを置きましょう。子どもは柔軟なので、使う語彙も表現も話し方も、自然と周囲のマネをして、吸収していきます。非認知能力と同様、国語力を育むうえでも、環境ほど重要なものはありません。

たとえば、周りの人が全員、日常的にサッカーばかりしている環境があるとします。しかもみんなレベルが高いとしましょう。もしそういう環境で過ごしていれば、とくにサッカーの才能や資質がなかったとしても、相当高いレベルでサッカーができるようになるはずです。まして才能や資質があったらすごいことになるでしょう。アルゼンチンのようなワールドカップ常連になるような国では、きっとそんな環境ができているのでしょうね。

言葉によるコミュニケーションも同じです。まず高いレベルでコミュニケーションが行われている環境のなかに身を置きます。そして、自分もそのなかで日々コミュニケーションを実践するのです。それができれば、とくに母国語リテラシーの才能や資質がなかったとしても、相当高いレベルでコミュニケーションができるようになるはずです。まして才能や資質があったらすごいことになるでしょう!

次に「質の高いコミュニケーション」とはどういうものなのか、ポイントを3つ、紹介していきましょう。

1つ目は、目に見える文字や音声から、目には見えない「心」を読み取るコミュニケーションです。たとえば、「赤くて大きくてツヤツヤしたりんご」という文字や音声からどんなりんごなのかをイメージしたり、「大好きだよ！」という言葉に込められた相手の思いを汲みとったり。ここで大事なのが、相手の言葉に耳を傾けること、そして、相手に通じると信じて自分の思いを伝えることです。コミュニケーションとは、音声や模様の向こう側に、意味や心を見出すことだと言いました。ですから、相手に心があることを認め合い、互いに尊重し合う関係をつくらないと、このコミュニケーションは成立しません。国語力を育てるには、相手との信頼関係が大事なのです。

2つ目は、問答形式で会話のキャッチボールをするコミュニケーションです。「ボケ」と「ツッコミ」とも近いかもしれません。相手の問いに対して適切に答える、相手の発言に対して適切につっこむ、この「問いと答え」の組み合わせが知識の集積になります。

たとえば、「今日は暑い？」という問いに対して「お腹すいたね」と答えるのは、ズレていますよね。会話はなんとなく成り立っていても、問答にはなっていません。子どもからの問いに適切に答える（これは「正解を与える」という意味ではありません。わからなければわからないでOKです）、子どもに問いかけて適切な言葉を引き出すことを意識するだけで、変化があるはずです。

3つ目は、予想をする、仮説を立てながら行うコミュニケーションです。仮説を立てそれを検証する、仮説が間違っていたら修正する……という行為は、科学的思考の基本です。目の前にあるものをそのまま受け取るだけではなく、まだ見えない先を読み取ろうとする姿勢が大事なのです。先のストーリーを予想しながら漫画を読むのも一つですし、「この先どうなると思う？」「あのキャラクターはどんな気持ちだと思う？」と大人から問いかけてみるのもいいでしょう。

アウトプットの習慣化で、言葉を自分のものにする

こうして他者とのコミュニケーションを通して言葉のシャワーを浴びるなかで、知っている語彙や表現が増えていきます。また、本やメディアを通しても、子どもたちはいろんな新しい言葉を学んでいきます。

吸収した言葉を自分で使えるようにするためにも、自分の「心」を正しい日本語を使って言語化する習慣は非常に重要です。日記でもいいですし、親子の会話のなかで引き出してあげるのもいいでしょう。「今日はどうだった？」「楽しかった！」で終わるのではなく、「どんなことが楽しかった？」「誰とどんなふうに遊んだの？」などと問いかけ、子どもが自分の言葉で表現する機会を与えてあげましょう。インプットとアウトプットを繰り返すことで、言葉は次第に「自分のもの」になっていきます。

余談ですが、親御さんとお話ししていると、そのお子さんの母国語リテラシーがある程度わかってしまう場合があります。親御さんは、子どもにとって一番身近な大人です。親御さんの語彙が乏しかったり、論理展開が破綻した話し方をしていたりすると、子どもも自ずとそのようになる場合があるのでしょう。

また、相手が子どもだからと、説明を噛み砕きすぎるのもおすすめしません。難しい言葉も易しく言い換えず、あえてそのまま使ってみてください。文脈からなんとなく推測する経験も大事ですし、「ん?」と思って意味を聞いてきたらチャンスです。そこで初めて、わかりやすい表現で意味を教えてあげると、子どもの記憶にも残りやすくなります。

国語のテストで得点を上げるための7つのアドバイス

リテラシーとしての国語力は高いのに、いまいちテストでは点数が伸びない……。そんな生徒をよく見かけます。あくまでもベースとなる国語力が身についていることを前提にですが、私が直接・間接の経験から得た、国語のテストで得点を上げるためのコツをお伝えしたいと思います。

アドバイスその1◉語彙をとにかく増やそう

前述したとおり、語彙（ボキャブラリー）は国語力の根幹です。語彙知識が豊富であれば、国語力の育成に有利です。ですので、読んだり聞いたりしてわからない語彙があればすぐ調べ、とにかく覚える習慣をつけることが大切です。そのためにも辞書は欠かせません。ただし、辞書と言っても今ではスマホが手元にあるわけですから、実際の本を持ち歩く必要はありません。本当に便利な時代になりました。

でもそれだからこそ、小まめに言葉を調べる人と、そうでない人の差がすごく広がりやすい時代になっています。便利になると格差が広がりやすくなる、これはこの世の中の鉄則です。「語彙を増やす！」これを常に意識して実践するようにしてください。

アドバイスその2◉最初から速読・速解を目指さない

テストでは時間との勝負になりますが、まず目指すべきは、「時間をかければ正しく読解できる」という状態です。速く解けるようになりたい気持ちはわかりますが、時間をかけても解けない問題を、短時間で解けるわけはありません。急がば回れで、まずはじっくり精読することから始めてください。正しく読解する経験を積めば、自分の読みに自信ができ、放っておいてもスピードはどんどん速くなります。慣れれば何でも速くできるようになりますが、それは長文読解でも同じです。

アドバイスその3◉完璧な理解を目指さない

国語の文章を読んで、その内容を完全・完璧に理解することは不可能です。そもそも、どんな素養の人が読もうと100%完璧に内容が伝わる文章を書くことなど、誰にもできません。ですから、読んでいてわからないことに出くわしても、別に構わないのです。

それよりも、わからないところにぶつかるごとに立ち止まっていては、最後まで読み切れず、全体像がつかめません。完璧にしようと思っても、完璧にできないから、自信を失い、読むのがイヤになる。これは国語ができないタイプの人にある典型的なパターンです。

国語ができる人は、そもそも完璧に読もうなどと思っていません。だからどんどん文章を読み、速く全体像をつかんでしまうのです。ですから、よくわからない部分は保留しつつ、わかるところを押さえて読み進めていきましょう。例にあたるところはサッと読み飛ばすなど、緩急をつけることも大事です。

アドバイスその4◉満点を目指さない

「完璧を目指さない」という原則は、得点についてもあてはまります。国語のテストで満点を取ることは、テストの内容にもよりますが、通常は不可能です。わからない問題があっても焦る必要はありませんし、わからなければとりあえず飛ばして、確実に解ける問題に時間を割きましょう。それが結果的に、高得点につながります。

むしろ、そういう割り切りを適切にできる判断力こそ重要です。日々の学習のなかで磨くべきは、できることとできないことを瞬間的に見分ける判断力なのです。

アドバイスその5◉文法を侮らない

国語文法の勉強がおざなりになっている人をよく見かけますが、英語同様、国語でも文法学習は大切です。とくに、文節に切る練習や、主語・述語、修飾語・被修飾語の係り受けの関係をきちんと押さえることが大事です。文章を分解して情報をシンプルにすると、難解な文章も理解しやすくなります。

アドバイスその6◉事実を時系列で押さえる

物語文や小説文の登場人物の心情を問う問題があります。しかし率直に言いますと、作品全体を読んで初めてわかるはずの人物の心情を、全体から抜き出されたほんの一部分だけを読んだところで正確に答えることなどできるはずがありません。それに、自分と全く違う人、しかも虚構の作品中の人の気持ちになることなど、普通に考えればとてもできない相談です。

そうではなく、物語や小説が題材になった場合には、どんな出来事がどんな順番で起きたのか、どんな状況が生まれ誰がどんな風に反応したのか、そんな事実の流れを正しく押さえるようにしてください。事実を時系列で正確に把握できれば、その間に起こった心情の変化は自ずと読み取れるはずですし、そんな風に自然に推測できる心情だけが国語の問題になるのです。

確かに小説を読んで登場人物の気持ちになってしまう経験がありますが、それは、出来事の順序や、状況とそれに対するリアクション、セリフの内容などを正しく理解したために、自然とそれにふさわしい感情が生まれた結果、そうなるのです。「登場人物の気持ちになろう」と努力したからそうなるのではありません。

アドバイスその7◉読解問題の選択肢は先に見ない

選択肢形式の問題ですと、自分で答えを考える手間を省こうとして、何も考えずに選択肢の検討に入ってしまう人が多いようです。選択肢を読んだら答えがわかるかな? と期待を抱くのでしょうか。しかしそれが大間違いです。

たとえば選択肢が5つあるとします。そのうち4つは本物らしく見せているだけの大ウソで、残る1つは本物なのにもかかわらず、できるだけ本物らしく見えないように書かれています。要は、5つ全部がうさん臭く見えるようにつくられているのです。そんなものにすがってしまったら、惑わされるのは必至! 「溺れる者は藁をもすがる」と言いますが、テストでは「藁」にすがってはいけないのです。

まず、設問に対する自分なりの解答をある程度思い描いたうえで選択肢を読み、それと最も近いもの、矛盾しないものを選ぶのが鉄則です。思い描いたものが正解に近ければ近いほど、直感的に正解はこれ、と選べるようになります。そこで選べなければ、もう一度本文に戻る。そういう解き方を目指しましょう。先に本物は何かを（ぼんやりとでもいいから）知っていることが、本物を見抜くための唯一の道なのです。

母国語リテラシー＝国語力育成の基本的な考え方から、国語のテストで点をとるためのアドバイスまで、幅広く触れてみました。皆さんの参考になれば幸いです。

第7章

知識偏重は本当にダメなの？

知識は学力のベース

昨今の日本の教育のトレンドの一つに、「脱・知識偏重教育」があります。大学入試改革でも、知識偏重型の問題から「思考力・判断力・表現力」を問う問題にシフトすることを掲げています。大学入学共通テストでも、暗記がモノを言ういわゆる「知識問題」は影を潜め、問題文や資料を読み込み、その場で考えて解く問題が増えています。

知識偏重型は良くないという意見には、多くの人が感覚的に共感すると思います。知識を覚えただけでは意味がない、これからの時代は知識よりも創造力が大事だ……など、いろんな人がいろんなことを語っています。ですが、そもそも「知識」とは何でしょうか？　その定義が曖昧なままに、知識の価値を下げるような発言をするのは、違うのではないかと私は思います。

知識とは、本来、概念理解を伴うものです。「関ヶ原の戦いは何年に起こったか？→1600年」のようなインターネットで調べればすぐにわかるようなことは、知識ではなく情報です。たとえばそれが起こった背景や、それが歴史の中で持つ意味などを論理的に説明できるレベルまで理解している状態を、「知識が身についている」といいます。それを前提に考えると、知識が豊富であればあるほど、学力も高い傾向にあるということです。ですから勉強の一番の基本は、「概念理解を伴う知識」の習得であると言えるのです。

もちろん、知識だけですべてが解決するわけではありません。しかし、知識がなければ何も始まりません。新学習指導要領で重視されている「思考力・判断力・表現力」の習得も、「主体的・対話的で深い学び」も、ベースとなる知識がない状態では実現できません。学力を積み上げていくためにも、多様な人と協働して問題を解決するためにも、いつの時代も知識は不可欠なものなのです。

暗記だってときには必要

概念理解を伴う知識を習得するためには、単純な暗記も必要です。これは、誰でもわかっていることだと思います。たとえばある英単語の意味する概念を理解するにしても、まずその単語のスペルを暗記しないと始まりません。また、一問一答式に暗記した記憶は役立たないかというと、決してそんなことはありません。覚えたことを組み合わせながら応用するというのが、学びの基本です。たとえば英単語の例でいうと、頭に un- がつくと続く単語の反対の意味を表わす、名詞の語尾に-lyがつくと形容詞化し、形容詞の語尾に -ly がつくと副詞化するなど、暗記で得た知識を組み合わせればより応用を効かせることができるようになります。

単純知識の丸暗記だけでは応用が効かないのは当然ですが、応用を効かせるためにはもとになる単純知識をしっかり暗記しておく必要があります。思考力を重視するあまり丸暗記の価値を否定するような論調がよくありますが、一方を強調するあまり、他方を貶めるようなことをするのはおかしいと思うのです。

知識「よりも」論理的思考力が大事なのか？

世間はもちろん私たち教育業界でも、「知識『よりも』、論理的思考力が大事！」という風潮が以前に増して強まっています。

論理的思考力とは、文部科学省が提唱する「学力の３要素」のうち、第２要素「思考力・判断力・表現力」の、とくに「思考力」に相当します。こうした要素が重要であり、優先的に育成していく必要があるということは、私自身も含め、誰もが肯定するところです。ですが、そもそも「論理的思考力」とは何か、そこのところを曖昧にしたまま、言葉だけが独り歩きしてしまっています。

そこで私も、この能力の定量的な定義や、その直接的な育成方法について様々な先行研究を読み調べたのですが、そこから科学的根拠を見つけることはできませんでした。

しかしいろんな方の文献や書籍を読みますと、どうも論理的思考力とは、知識も含めた統合的なもので、それだけで独立して存在するわけではないらしいのです。それは知識を習得する過程で育成されるものであり、かつ、新たな知識を習得するために必要なもの、つまり知識と切っても切り離せないもののようです。ですから、知識と切り離してそれを単独で論じようとすると、どうしても曖昧になってしまうのです。

知識を大事にすれば、論理的思考力も育つ！

第3章では、メタ認知能力・精神力・やり抜く力（GRIT）など数値化しにくい非認知能力についてお話ししました。非認知能力は、それだけ取り出して育成する直接的な手段はありませんでしたが、目標設定や効果測定のしやすい認知能力を鍛え、その過程で非認知能力も鍛えていく、そうすることで認知能力と非認知能力を両輪で高めていくことができるとお話ししました。

これと同じことが論理的思考力についても言えます。論理的思考力といった力が独立して存在するわけではないため、それだけを定量的に測定したり、直接的に育成したりする方法がありません。だから、論理的思考力を育成したければ、目標設定や効果測定のしやすい知識の習得という観点から鍛え、その過程で論理的思考力も鍛えていく。つまり知識と論理的思考力を両輪で高めていく。それが有効だというのが私の結論です。

知識と論理的思考力をスパイラル的に伸ばすには、まず知識の重要性を再認識し、暗記も含めた知識の習得、つまり知識のインプットとアウトプットを交互に繰り返すことが大切です。そうした演習を通じて、だんだんと知識の質を高めていくと、やがて知識は相互に関連づけられ、体系化されていきます。そこに概念理解が伴うと、なぜそうなるのかという背景や根拠を含めて人に論理的に解説できるレベルまで到達します。そのような高度な知識を駆使する能力こそが、論理的思考力なのです。

ですから、単純な情報のような知識から高度な概念理解を伴う知識まで、段階を追ってしっかり知識のインプット－アウトプットを繰り返していくことが大切です。

しかし、単に答えだけを求めたり、処理のスピードだけを求めたりするような学び方では、「答えだけ出せればいい」「途中の過程などどうでもいい」となってしまい、頭のなかで知識を深めたり使いこなしたりする鍛錬を積むことができません。あわてず、焦らず、必要な知識をどんどんインプットしながら、アウトプットする知識の質をじっくりと高めていく、時間をかけた学びが大切です。実はこういう知識の学びこそ、「論理的に思考すること」に他なりません。

これからは知識「よりも」創造力？

さて、世の中には「これからは知識『よりも』創造力」「大事なのはイノベーション」というムードがあります。しかし、新しい価値を生む創造力もイノベーションも、もとを辿ると既存の知識や経験の掛け合わせであることがほとんどです。純粋な意味でゼロからイチを生み出すのは不可能だと思っています。

私は、「人はどうやって学習するのか」に興味をもち、これまで認知科学の授業を多く受講してきました。いわゆる「伸び悩み」現象について、認知科学では次のように理解します。

私たちは、「なぜこうなるのか」という背景や概念を含めて一つの公式や知識を理解します。そして、一つの公式や知識を使えば解ける問題に取り組んでいるうちは、成績は右肩上がりに伸びていきます。ところが、問題が高度化、複雑化して、複数の知識を組み合わせないと解けない問題の領域に入ると、伸びが止まります（図表7－1）。いくらがんばって勉強しても成績が伸びない時期があること

図表7-1　人はどうやって学力を身につけていくのか？（イメージ）

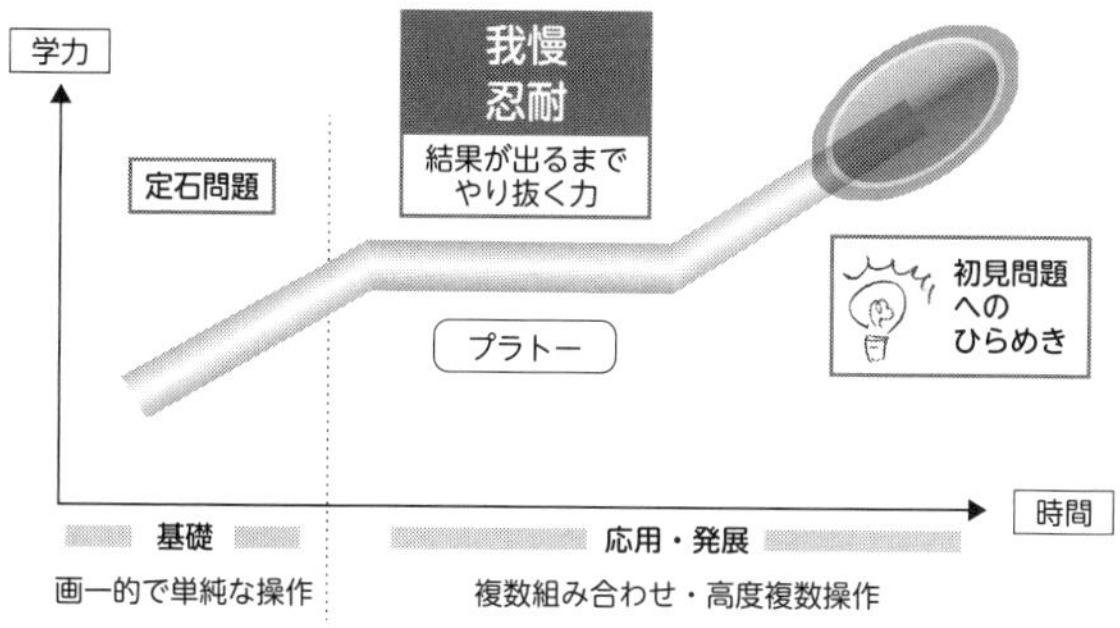

鈴木宏昭『私たちはどう学んでいるのか――創発から見る認知の変化』（ちくまプリマー新書）に基づき著者作成

を、「プラトー現象」といいます（成績上昇の過程で訪れるグラフの平坦な部分を「高原＝プラトー」にたとえています）。これが「伸び悩み」の正体です。

しかしこの期間は、表向きは学力が停滞しているように見えても、実際はこの間、脳内ではどういう組み合わせがいいかという試行錯誤が無意識下で行われ続け、思考回路の基盤が構築されているのです。こうした停滞に見える期間が一定程度過ぎると、その後、グッと飛躍的に学力が伸びていきます。このとき、急にできるようになったような感覚がありますが、実は停滞していた間も粘り強く努力をし続けてきた成果がここで表れたのです。初見の問題に対して解法がパッとひらめくのも、複雑な問題へのアプローチ法を見つけられるのも、伸び悩み時期にも忍耐強く勉強を続け、知識を積み上げたからであって、そのような試練を経た人だけが、この飛躍を味わうことができるのです。

ひらめきは、知識の掛け合わせ

同様に、いわゆる「ひらめき」も、ゼロから急にアイデアが浮かぶのではありません。人間の脳は消費エネルギーが大きいため、平時は省エネモードで活動しており、複数ある知識のうちの一部だけ使って済ませようとしています。それでも解けない問題に直面し、あれこれと組み合わせを試行錯誤しているうちに、記憶の奥の方にあった知識が引き出され、パチンとハマる。これを、世間一般では「ひらめく」と表現するのです。脳が無意識レベルでやっていることなので、急に思い浮かんだように感じますが、潜在的に脳のどこかにはあった知識です。「ひらめき＝知識と知識の組み合わせ」というのは、認知科学の見地からもかなりの程度裏付けられているのです。

世間でもてはやされるイノベーションも、自分のうちにあるさまざまな知識や経験を無意識のうちに組み合わせた結果、生み出されるものです。独創的なアイデアの背景には、豊富な知識や経験があるのです。たとえば、富士フイルムは、長年、写真用フィルムの研究・開発で蓄えた知見を応用し、革新的な化粧品を開発して成功を収めています。

ではなぜ、富士フイルムはイノベーションを起こせたのでしょうか。その秘訣は、「両利きの経営」にあります。

「両利きの経営」とは、既存の事業を深めていく「深化」と新しい事業の開拓を目指す「探索」をバランスよく高次元で両立させる経営手法のことです。提唱者のチャールズ・A・オライリー氏とマイケル・L・タッシュマン氏は、両利きの経営を実践することが、企業の継続的なイノベーションとサバイバルを可能にすると、その著書『両利きの経営』（東洋経済新報社）で述べています。

これはまさに、勉強にも当てはまるのではないでしょうか。コツコツと時間をかけて知識を蓄積・反復する「深化」と、深化した知識と知識の組み合わせで既存にない方法によって初見

図表7-2　イノベーションの創造に至るまで（イメージ）

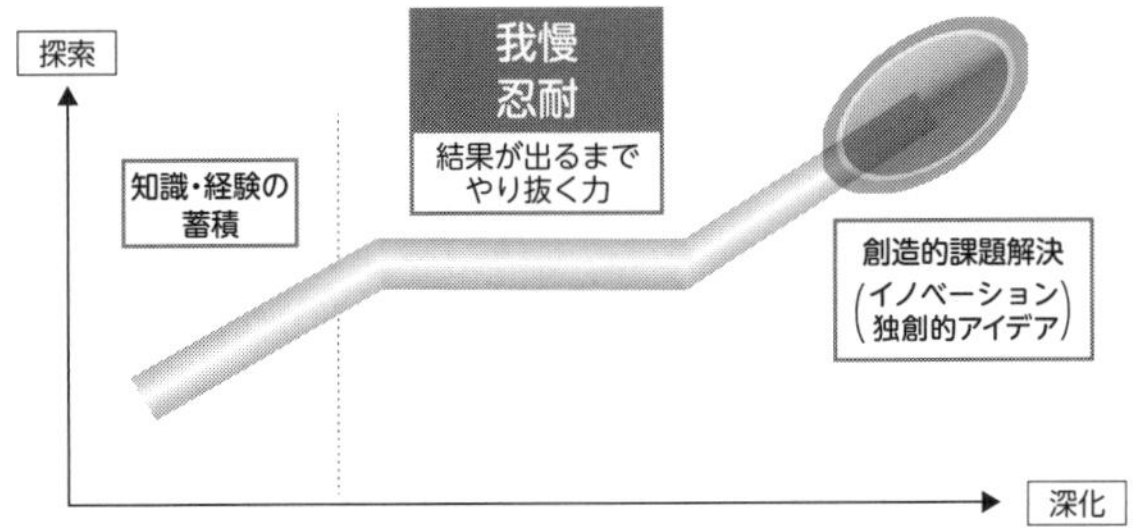

チャールズ・A・オライリー ＆ マイケル・L・タッシュマン『両利きの経営』（東洋経済新報社）の内容に基づき著者独自の解釈により作成

の問題を解く創造的な課題解決、つまり「探索」の両方を行うことで、より高度な学力へと磨きがかかっていく。経営と勉強と領域に違いはあれど、両者には多くの共通点があります（図表７－２）。

イノベーションを生み出すことができる人は、多岐にわたる豊富な知識、経験からなる頭脳の体幹がしっかりとできている人なのではないでしょうか。一方、知識も経験も明らかに少なく、偏っているのに、世間を驚かせる新進気鋭のイノベーターが登場することもあります。一見するとすごいのですが、少々生意気な言い方をすると、そうした人は「一発屋」で終わっていることがほとんどです。頭脳の体幹ができていないと汎用性がなく、その場限りで終わってしまうのです。

それだけ、多方面にわたる豊富な知識というのは重要です。とくに高校時代までは、アラカルトでやりたいことや好きなことだけをやるのではなく、まずは英語、数学、国語、理科、社会と、さまざまな分野の知識や教養を広く習得することが重要なのです。

苦手を避けず、「できない→できた！」の体験を

勉強はやればやるだけ成果につながりますが、学力の伸びには時間差やうねりがあります。最初は低空飛行の状態が続いて、あるとき一気に指数関数的に伸びるケースもあれば、最初は順調に伸びたのにある時期から伸び悩むこともあります（伸び悩みについては先述のとおりです）。いずれにせよ、学力は順調に伸びる時期と停滞する時期を繰り返しながら、少しずつ伸びていくものです。また、停滞期という壁を一つひとつ乗り越えていくことで、人間的にも成長していきます。

勉強でもスポーツでも、「できない→できた！」「つまらない→面白い！」というポジティブな変化を体感すると、さらに高いレベルに挑戦してみようという意欲につながります。一方、楽しいこと、好きなことだけをやっていては、苦手だったことができるようになったり、つまらないと思っていたことが面白くなったりする体験はできません。

懸命に努力して試練を乗り越えた先にある世界を見たことがないというのは、もったいないと思うのです。苦手なことを克服するより、得意なこと、好きなことを伸ばそうという風潮がありますが、「本当にそれだけでいいの？（そんなわけないよね！）」と違和感を感じてしまうのはこのためです。

スポーツでも、ビジネスでも、なんでもそうですが、本当に自分が欲しいと思うものを手に入れるためには、どうしても乗り越えるべき試練があります。そして、試練を乗り越えるためには、どうしてもある程度の苦しさや障害に向き合う必要があります。そうしたことを回避してダラダラと過ごしていても欲しいものが手に入るなら、それでもいいでしょう。しかし現実は、決してそのようにはなっていません。原因がないところに、決して結果は伴わないのです。だとするなら、目標達成に伴うある程度の苦難は受け入れる覚悟と勇気が必要です。子どもたちがそういう勇気を持てるよう励ますのが、私たち大人の役割です。

勉強への意欲が湧かない子、易きに流れがちな子への一番の処方箋は、この「できない→できた！」「つまらない→面白い！」の瞬間を体感させることです。そこに行き着くまでに勉強をやめてしまったら、勉強に対してネガティブな印象だけが残ってしまいます。どこでスイッチが入るかは人それぞれ。周囲の大人が焦らず見守ることが大事です。

これらのことをふまえて、もう一度最後にお伝えしたいのは、「知識は大切だ」ということです。知らない知識をインプットするのは、たいへんだと感じることがあります。また、自分が無知であることを思い知らされ、精神的に辛さを感じるときもあります。でもそこで費やした努力は、「論理的思考力」「創造力」「イノベーション」といった形で将来必ず自分自身に返ってきます。知識を覚えればいいとか、何でも暗記で済ませろとか、そんなことは言いません。でも「知識は大切！　暗記も大切!!」ということは真理です。それは決して忘れないでください。

第8章

プログラミング教育の目的はプログラマーを育てること？

プログラミング教育とは？

学習指導要領の改訂に伴い、プログラミング教育が必修化しています。まず２０２０年度より小学校でプログラミング教育が必修化、２０２１年度より中学校の「技術・家庭科」の技術分野で必修科目として履修、２０２２年度より高校で共通必履修科目「情報Ｉ」が新設されました。こうしてプログラミング教育は、英語学習に続いて、教育の世界において大きな潮流になっています。これからのデジタル社会にはプログラミングの知識や技能が不可欠だと、民間教育においてもプログラミング教育を謳う教室が増え、新しい習い事の一つにもなっています。

プログラミングの知識や技能の習得自体は良いことです。しかし、文部科学省がいう「プログラミング教育」と、世間一般で受け止められている「プログラミング教育」との間には齟齬があります。「プログラミング教育」が誤解されたままだと、プログラミング教育を通してどのような力を育てたいのかという本質も見誤ってしまいます。

文部科学省のいう「プログラミング教育」を理解するためには、学習指導要領を噛み砕いて解説した「小学校プログラミング教育の手引（第三版）」（文部科学省発行、https://www.mext.go.jp/content/20200218-mxt_jogai02-100003171_002.pdf）が参考になります。まずは、「プログラミング」とは何か、なぜ必要なのかを述べた部分を見てみましょう。以下に、一部を抜粋します。

……コンピュータをより適切、効果的に活用していくためには、その仕組みを知ることが重要です。コンピュータは人が命令を与えることによって動作します。端的に言えば、この命令が「プログラム」であり、命令を与えることが「プログラミング」です。プログラミングによって、コンピュータに自分が求める動作をさせることができるとともに、コンピュータの仕組みの一端をうかがい知ることができるので、コンピュータが「魔法の箱」ではなくなり、より主体的に活用することにつながります。

（中略）

……コンピュータを理解し上手に活用していく力を身に付けることは、あらゆる活動においてコンピュータ等を活用することが求められるこれからの社会を生きていく子供たちにとって、将来どのような職業に就くとしても、極めて重要なこととなっています。

文部科学省は、「これからの時代は、コンピュータを理解して活用する力を身につけることが大事だ」「そのためには、コンピュータの仕組みやコンピュータに命令を与えること(＝プログラミング)について学ぶ必要がある」と言っているわけです。では、具体的に小学校ではどのような教育が必要なのでしょうか。引き続き、手引から引用します。

……プログラミング教育は、学習指導要領において「学習の基盤となる資質・能力」と位置付けられた「情報活用能力」の育成や情報手段(ＩＣＴ)を「適切に活用した学習活動の充実」を進める中に適切に位置付けられる(以下略)。

つまり、「情報活用能力を育てる」というのが、小学校のプログラミング教育のねらいです。手引ではさらに、「情報活用能力を構成する資質・能力」についても解説しています。なかでもポイントは、「プログラミング的思考」です。手引では次のように説明しています。

プログラミング的思考
自分が意図する一連の活動を実現するために、どのような動きの組合せが必要であり、一つ一つの動きに対応した記号を、どのように組み合わせたらいいのか、記号の組合せをどのように改善していけば、より意図した活動に近づくのか、といったことを論理的に考えていく力。

シンプルな例を挙げると、Aを選択すると上、Bを選択すると下、Cを選択すると右、Dを選択すると左に移動する場合、右下に移動させたければB→CもしくはC→B、左上に移動させたければA→DもしくはD→Aと選択すればいい……というような思考です。どういうインプットをすればどういうアウトプットが生み出せるかという因果関係をもとに、手順を試行錯誤しながら論理的に考える力、とも言えるでしょう。この「プログラミング的思考」を育むことが、プログラミング教育の軸になります。

さらに、手引にある次の注釈にも注目してください。

※プログラミング教育を通じて、児童がおのずとプログラミング言語を覚えたり、プログラミングの技能を習得したりすることは考えられるが、それ自体を、ねらいとはしない。

文部科学省は、「プログラミング言語やプログラミングの技能が結果として身につくぶんには構わないが、プログラミング教育はそれを目的としたものではない」と断言しています。プログラミング教育は、決していわゆる「プログラマー」を育てるための教育ではないのです。一方、世間一般では、プログラミング言語やプログラミングの技能を身につけることを目的とした活動がプログラミング教育である、と受け止められています。こうして、両者の間に齟齬が生じてしまっているのです。

プログラミング教育の本質とは?

こうして進んでいるプログラミング教育ですが、実際は専門の教員がいないケースも多く、地域や学校により教育の中身や質には大きな差があるようです。

しかし今、この状況が、大きく変わろうとしています。令和７年（２０２５年）の大学入学共通テストから、新しい科目として「情報Ⅰ」（以下、情報）が加わります。情報を受験科目にするかどうかは各大学が検討中ですが、多くの国公立大学では共通テストの受験教科として課せられるようになるのではないかと思われます。大学受験の教科になるということは、その入試問題を解けるようになることが、小学校から始まるプログラミング教育の目標の一つになることを意味します。

では、共通テストの情報ではどのような問題が出題されるのでしょうか。共通テストを実施する大学入試センターでは、具体的イメージを共有するのを目的に、「情報　サンプル問題」を作成・公表しています。

それを見ると一目瞭然なのが、情報の問題を読み解くには「国語力」あるいは先述した母国語リテラシーが必須であるということです。さらに、それに加えて求められるのは、読み解いた内容をプログラミング言語や数式などに落とし込んでいく「論理的思考力」です。これは、プログラミング言語に落とし込むのであれば先述の「プログラミング的思考」になり、数式などに落とし込むのであれば数学的思考力となります。論理的思考力は、プログラミング言語を操る能力や、数式や図形問題を速く正確に解くといった純粋な意味での数学力とは少し違います。それは、主に国語によって与えられる知識や情報を、プログラミング言語や数式・数値へと変換していく能力のことです。

具体的に見てみましょう。サンプル問題の第1問（大問1）（図表8－1）は4つの独立したテーマの問題を含んでいます。そのうち問1は「大規模災害などの緊急事態においていかに通信を確保するか？」をテーマにしていて、災害時にどのような通信が役立つかについての、生徒と先生の会話を読ませます。問2は「学習成果発表会」のプレゼンテーションで必要とされる図について考える問題（たとえばPDCAサイクルを表すのにふさわしいチャート図を選ぶ）、問3は画像をデジタルデータに変換する手順、問4はインターネットの基礎技術項目であるIPアドレスが題材になっています。

次に第2問（大問2）（図表8－2）は、全体として「比例代表選挙において、各政党に配分する議席数をいかに効率的に決めていくか？」をテーマにそれを実行するプログラム

図表8-1 「情報Ⅰ」試験問題のイメージ その1

第1問 次の問い(問1～4)に答えよ。

問1 次の文章は，2011年の東日本大震災の後にまとめられた報告書「大規模災害等緊急事態における通信確保の在り方について」の一部である。この報告書を基にした先生と生徒の会話文を読み，空欄 ア ～ エ に入れるのに最も適当なものを，それぞれの解答群のうちから一つずつ選べ。ただし，空欄 ア ・ イ の順序は問わない。

近年の通信インフラ・ネットワークの発展により，インターネットを利用した多彩なサービス・アプリケーション（ソーシャルメディアサービス，動画配信サービス，動画投稿サイト，クラウドサービス等）が登場しており，今回の震災においては，インターネットを利用した安否確認，情報共有等の新たな取組が見られた。

例えば，a震災直後の音声通話・メール等がつながりにくい状況において，ソーシャルメディアサービスについては，安否確認を行う手段の一つとして個人に利用されるとともに，登録者がリアルタイムに情報発信するものであることから，震災に関する情報発信・収集のための手段として，個人や公共機関等に利用され，その有効性が示された。

また，各自治体から発表されている避難者名簿等の情報を集約し検索可能とするサイト，（省略）ボランティアや支援物資の送り手と受け手のニーズを引き合わせるマッチングサイトなどインターネットを利用した付加価値のある各種サービスが提供された。

さらに，b被災した自治体等に対してホームページ・メールサービスの提供や避難所の運営支援ツールをクラウド上で提供することも行われ，業務運営の確保や情報の保全にクラウドサービスが活用された。

その他，放送事業者が動画配信サイトに震災関連ニュースを提供し，インターネット上で配信した事例や個人が動画中継サイト上で被災地の様子をリアルタイムで配信した事例も見られた。

このようなインターネットの効果的な利用の一方で，今回の震災では，インターネット上で震災に関する様々な情報が大量に流通したことによる情報の取捨選択の必要や（省略）c情報格差の発生などの課題も生じたところである。このため，インターネットの活用事例の収集・共有に当たっては，インターネット利用に関する課題についても併せて共有できるようにすることが望ましい。

出典「大規模災害等緊急事態における通信確保の在り方について 最終取りまとめ」（一部改変）
大規模災害等緊急事態における通信確保の在り方に関する検討会（2011年）

会話文

先生：10年前の東日本大震災の時は，この報告書（下線a）にあるように電話やメールがつながりにくくなったようです。特に固定電話がつながりにくかったようだね。

生徒：多分，利用者からの発信が急増するから回線がパンクしてしまったのではないですか。でもSNSは利用できたのですね。

先生：通常通りとはいかなかったと思うけど，利用できたようだね。当時の固定電話の回線交換方式と違って，データ通信であるインターネット回線では ア したり イ したりするから，SNSは災害に強いメディアとして認識されるようになったんだよ。

生徒：こういう時にメリットが生かされたのですね。じゃあ，大きな災害の時は，よく使うこのSNSアプリで連絡を取れば良いですね。

先生：様々な被害が考えられるから複数の異なるメディアで情報を伝達することを考えた方が良いと思うよ。

生徒：分かりました。また，この報告書（下線c）にあるような情報格差は ウ や経済的な格差によって生じますから，周りの人たちが互いに助け合うことが大事ですね。

先生：その通りだね。

生徒：先生，ここ（下線b）にあるクラウドサービスはこの頃から使われるようになったのですか。

先生：もう少し前からあったけど，この震災をきっかけに自治体での利用が広まったとも言われているよ。

生徒：それは エ からですか。

先生：それも理由の一つだね。加えて，運用コストも低く抑えることもできるし，インターネット回線があればサービスをどこでも利用できるからね。

ア ・ イ の解答群

⓪ 通信経路上の機器を通信に必要な分だけ使えるように予約してパケットを送出
① 大量の回線を用意して大きなデータを一つにまとめたパケットを一度に送出
② データを送るためのパケットが途中で欠落しても再送
③ 回線を占有しないで送信元や宛先の異なるパケットを混在させて送出
④ 一つの回線を占有して安定して相手との通信を確立

ウ の解答群

⓪ 機密性の違い ① 信憑《ぴょう》性の違い ② 季節の違い ③ 世代の違い

エ の解答群

⓪ 手元にデータをおいておけるため高い安心感を得られる
① 手元にある機材を追加して自由に拡張することができる
② サーバを接続するプロバイダを自由に選ぶことができる
③ サーバなどの機器を自ら設置する必要がない

第1問(大問1)の問1。対話文や報告書など、日本語文をしっかり読ませる構成の問題。

問2 次の文は，学習成果発表会に向けて，3人の生徒が発表で用いる図について説明したものである。内容を表現する図として最も適当なものを，後の解答群のうちから一つずつ選べ。

生徒A：クラスの生徒全員の通学手段について調査し，「クラス全員」を「電車を利用する」「バスを利用する」「自転車を利用する」で分類し表現します。 オ

生徒B：より良い動画コンテンツを制作する過程について，多くの人の意見を何度も聞き，「Plan」「Do」「Check」「Action」といった流れで表現します。 カ

生徒C：家電量販店で販売されているパソコンを価格と重量に着目して，「5万円以上・1kg以上」「5万円以上・1kg未満」「5万円未満・1kg以上」「5万円未満・1kg未満」という区分に分類し表現します。 キ

オ ～ キ の解答群

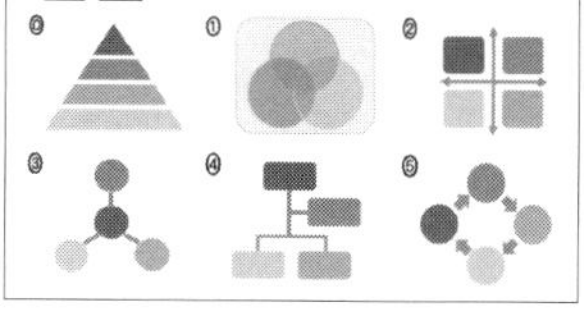

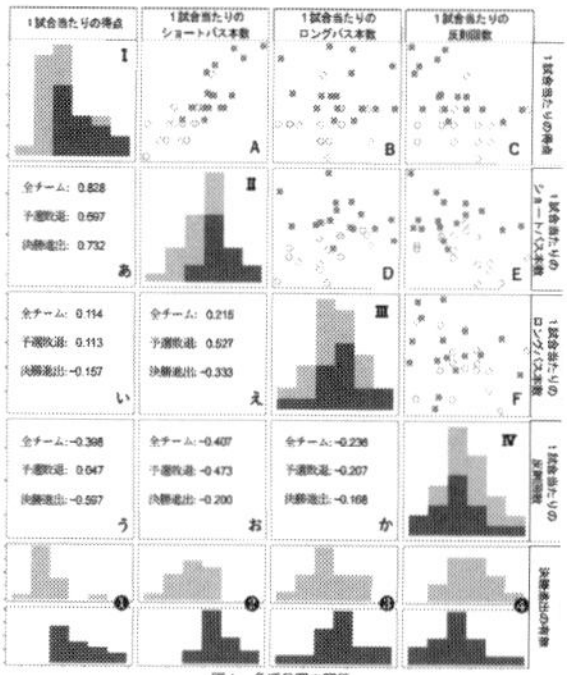

図1 各項目間の関係

図1のⅠ～Ⅳは，それぞれの項目の全参加チームのヒストグラムを決勝進出チームと予選敗退チームとで色分けしたものであり，❶～❹は決勝進出チームと予選敗退チームに分けて作成したヒストグラムである。あ～かは，それぞれの二つの項目の全参加チームと決勝進出チーム，予選敗退チームのそれぞれに限定した相関係数である。また A～F は，それぞれの二つの項目の散布図を決勝進出チームと予選敗退チームをマークで区別して描いている。例えば，図1の A は縦軸を「1試合当たりの得点」，横軸を「1試合当たりのショートパス本数」とした散布図であり，それに対応した相関係数はあで表されている。

左は第1問(大問1)の問2、右は第3問(大問3)の一部。
グラフィカルに表現された資料の解釈を要求します。

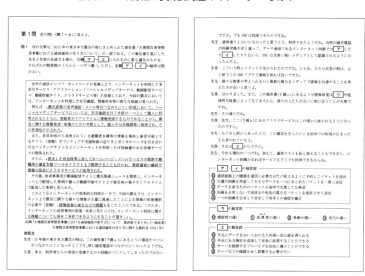

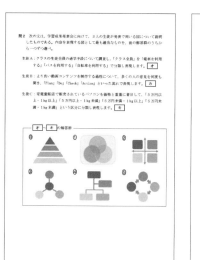

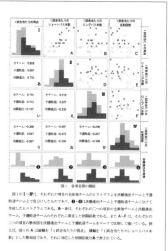

図表8-2　「情報Ⅰ」試験問題のイメージ　その2

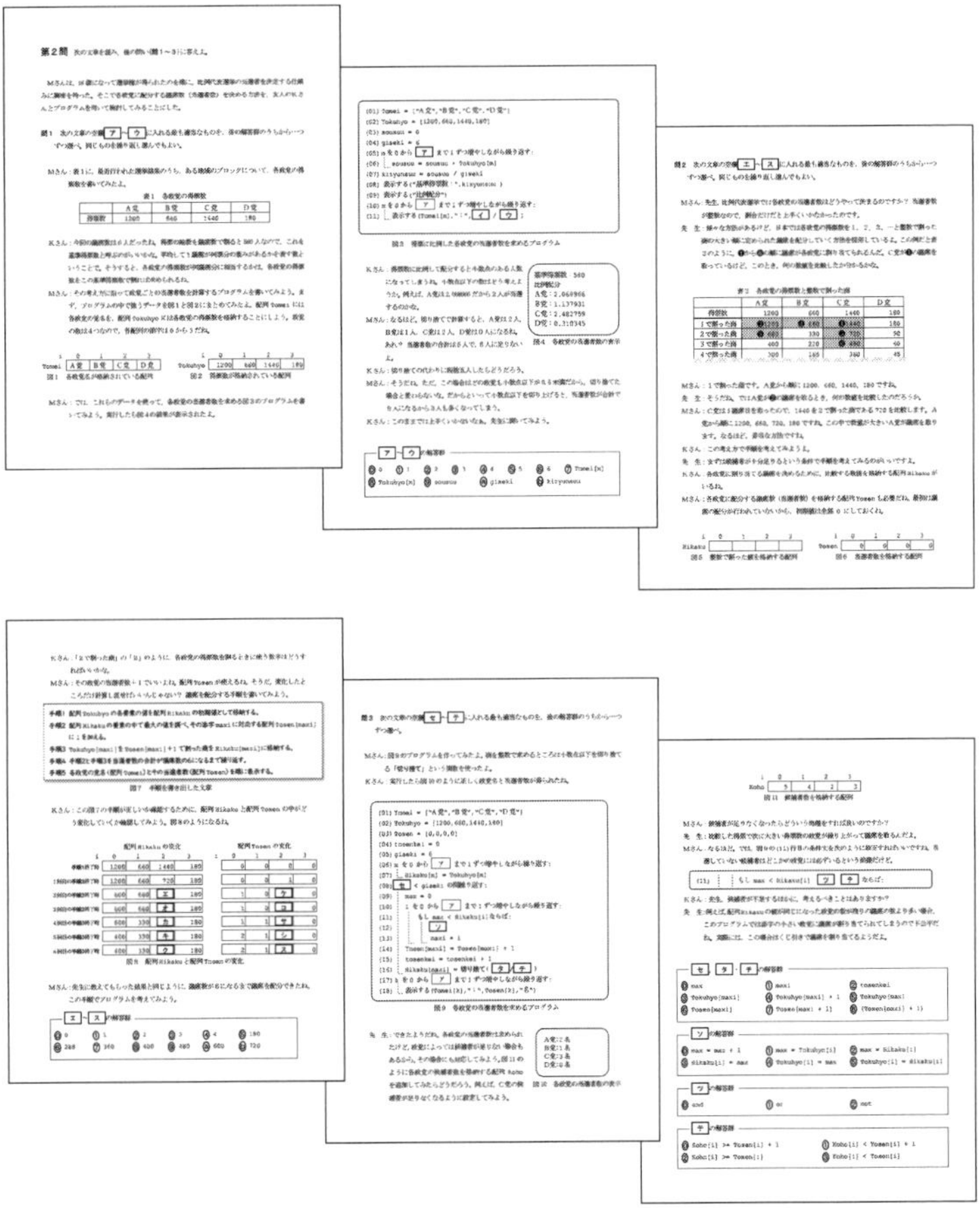

第2問(大問2)の全体イメージ。
この問題だけで6ページにわたります。日本語による先生と生徒の長大な対話文を読みながら、プログラミング言語の記述や数表などの意味を解釈していかなくてはなりません。

をどう設計していくかを考え、第3問（大問3）も全体として「強いサッカーチームと弱いそれとの違いをどのようにして科学的に究明するか？」というデータサイエンス的なテーマを追究しています。第2問・第3問とも、一つのテーマを段階を追って掘り下げていく構成になっており、手順に従って粘り強く考える姿勢が求められています。

どの問題も自然・社会現象にどのように向き合うかを主眼としており、前提となる情報は日本語によって詳しく与えられるため、日本語の文章を読み込み論理的に流れを追っていかないと、解き進めることができません。プログラミング言語や数式を用いた処理、あるいは作業の能力ももちろん必要ですが、重要なのは、日本語の文章の読解から処理・作業まで落とし込んでいくための論理的思考力です。

これらが示すように、プログラミング教育の目的は、実際に社会に存在する問題を解決するために、どのような手順を踏めばいいか、どのようなデータをどのように活用すればいいかを理解することにあります。そしてそのために必要なのが、母国語リテラシーと論理的思考力（ひいてはプログラミング思考）なのです。

では、実際の学習はどうすればいいのでしょうか。参考になるのは学力上位層の生徒たちの声です。大学入試センターから発表されたサンプル問題をはじめ、実際に情報の問題に接している生徒たちの感想を聞いてみると、「共通テストの数学の延長のように感じる」「プログラミングやコンピュータについて専門的な知識が必要かと思っていたけど、そうでもなかったので安心した」「国語と数学をミックスしたような『読めばできる』タイプの問題なので、特別な勉強をしなくても何とかなると思う」といった反応が返ってきています。生徒たちのこうした言葉以上に「プログラミング学習」の本質をうまく言い当てている言葉はないように思います。

先述したように、2025年の共通テストからは、国語の試験時間が10分延びて90分になり、数学Ⅱ・Bは数学Ⅱ・B・Cになり試験時間も70分になります。読解量が多い共通テストでは国語力が要だと繰り返しお伝えしてきましたが、2025年以降はさらに読解量が増え、高いレベルの国語力、そして論理的思考力が求められる試験になるでしょう。言い換えれば、早期から母国語リテラシーを高めていくとともに、全教科・科目、特に数学において質の高い知識のインプットーアウトプットを積み重ね、論理的思考力を鍛えていくことが重要になります。それさえできれば、プログラマーになるための特別な勉強などはしなくても、情報の学習を順調に進めることができます。

どのステージで活躍する人材になるか？

プログラマーとしてのスキルを身につけたりパソコンに詳しくなったりするのは、プログラミング教育においてはあくまでも副産物ですが、その道で生きていきたいという人もいるでしょう。しかし、世界に目を向けてみると、高度なプログラミング言語を扱うようなハイスペックな人材は、インドやパキスタン、ナイジェリアといった、人口も多くこれから経済を発展させていこうとしている新興国から世界の労働市場へと大量に供給されています。こうしたところは国を挙げてＩＴ人材の育成に取り組んでいます。そんな人たちと競争をして勝てるかというと、はっきり言って勝ち目は薄いです。ただ単にプログラマーになっても、世界市場のなかでは供給過剰のため希少性に乏しく、安く買い叩かれてしまうのが目に見えています。

では、どうすればいいのでしょうか。実際のプログラミング作業はそうした人材に任せ、私たちはそれ以前の段階、つまり解決したいと思うそもそもの課題を発見し、プログラミングを用いてそれをどう解決するか、論理的思考力を駆使して課題解決策を提案する側の人間になることを目指しましょう。ここでいう課題とは、まさに情報のサンプル問題で描かれているようなテーマのことです。広い視野と高い視座で物事を捉えて思考するためには、高い知能や幅広い知識・教養が必要であり、そのなかにはいわゆる受験教科の学力も含まれます。しっかりと勉強をして、自分の個性や能力を存分に発揮でき、その価値が正当に評価されるステージで、勝負をすればいいのです。

今、「データサイエンス」がアツい？　流行に安易に流されないで

プログラミングと同様、昨今、トレンドになっているのが、データサイエンスの領域です。国内でもデータサイエンティスト育成の必要性が声高に叫ばれるなか、大学でも必修科目としてカリキュラムに盛り込むところもあり、データサイエンスについて学べ

る学部・学科の新設も目立ちます。

社会に求められる人材になるというのは素晴らしい志ですし、その分野に意欲を感じるのであればぜひチャレンジすべきだと思います。でも、ただトレンドだからという理由だけで、自分の意欲や適性も考えず飛びつくのはリスキーです。世の中には希少性と市場性のバランスがあり、ブームだと言われるようになってから目指すようでは遅いケースが少なくありません。市場の拡大に対し人材が不足している間は、人材の希少性が高まり、いわゆる「稼げる」仕事になりますが、市場に対し人材の供給が追いついてくればそれだけ希少性は低くなり、「稼げる」仕事ではなくなってきます。実際、ある領域の学部・学科の受験倍率がグッと高まったとしても、一過性のものに過ぎないことがほとんどです。

データサイエンス領域に限らず、私が言いたいのは、流行に安易に流されるなということです。どのような時代や社会情勢であっても大事なのは、自分のやりたいこと、できること、得意なことや個性・特性を最大限に活かせる分野、自分が思いっきり輝ける分野を探し当てる。そのマッチングこそが重要なのです。

若いうちに身につけておくべき本質的で汎用性の高い能力とは？

そもそも、あまり早いうちから専門分野を絞り込み、そればかりを学ぶことには違和感を覚えます。確かに早期から専門教育を受ければ社会に出たときに即戦力になるでしょうし、これから増えるであろうジョブ型雇用を考えるとメリットもあるのかもしれません。しかし、長期のスパンでみると、教養課程で文理関係なく豊富な知識や幅広い分野の教養をじっくり身につけ、物事を深く考えるように学ぶことこそが必要なのではないかと私は思うのです。いわゆる、リベラルアーツですね。

私が感銘を受けているのが、下北沢成徳高校（東京都）の女子バレーボール部の指導理念です。下北沢成徳高校は全国有数の女子バレーボール強豪校で、全国から日本代表を目指す子たちが集まります。高校No.1に何度も輝いているチームで、これまで日本を代表して世界を舞台に活躍している数多くの選手を輩出しています。小川良樹監督（２０２２年度限りで退任を発表）は、「成徳でしか、高校でしか通用しない選手ではなく、世界で戦う選手を育てる」という方針で指導されてきました。

バレーボールは、一般論でいえば、試合で勝つためには速く低いトス回しによる攻撃の方が有利です。なぜならば、スパイクを打つまでの滞空時間が短くなり、相手チームにコースが読まれづらく、ブロックやレシーブがされにくくなるからです。しかし、下北沢成徳の代名詞となっているオープントスバレー攻撃は、その正反対のプレースタイルなのです。では、なぜそうしたスタイルにこだわるのでしょうか。

それは、目先の勝負に勝つことよりも、選手を育てることに重きを置いているからです。将来、世界を相手に活躍するためには、相手の高いブロックを自らの力で打ち破れるだけのハイレベルな身体能力が必要となります。そういう理念に基づき、フィジカルな強さを追求するような指導をあえてやっているのです。選手たちもそういう指導理念に期待して、将来世界で活躍したいと願うハイレベルな選手たちが日本中から集まってくる。だから結局、試合でも強いんですね。

知能を育む教育も同じです。子どもたちや保護者が教育に本当に求めているものは、目先のテストでいい点をとるだけの小手先のテクニックではなく、長期にわたり世界を相手に活躍できる優れた知能なのだと思います。

本書で繰り返し主張してきた母国語リテラシーや論理的思考力をはじめ、知性の基礎体力とも言えるような力を身につけておけば、どのような社会情勢になろうとも、どのような環境に置かれようとも、自分で学び、成長し、成果を出せる人材になれるのです。若いときに身につけておくべき本質的で汎用性の高い能力とは何かを、私たちはもっと真剣に考えなければならないと思います。

人生について深く考える時間を

進路選択に際して、わかりやすい流行りの領域に飛びついたり、即効性のある知識や技能に惹かれたりする背景には、子どもたちが人生について深く考える時間や機会がないという実態があるように思います。世の中の見通しが立たないなか、高校に進学したらすぐ文系か理系かの選択を迫られる、目の前にある課題や提出物に追われるなか、あわただしく大学・学部・学科を選ぶ……というのは、無理があると感じます。また、地方では国公立大至上主義の高校が多く、生徒はそれを刷り込まれているため、主体的に自分が受けたい私立大学の情報を取りに行く生徒は多くはありません。

これまで多くの生徒を指導してきたなかで感じることですが、素直で良い子ほど、周囲に言われるがまま、流されるように進路選択をしてしまいがちです。また、周囲に同調していないと不安を感じ、自分の本心や適性に背いていることにうすうす気づいていても、あえて周囲に流される選択をするケースもあります。しかしそれだと、戦略的な意思決定をしようとか、自分の資質や能力を活かせる手段を選ぼうとか、そういった生きるうえでの大切な問題を考えるチャンスを失ってしまう恐れを感じます。

本当に身につけなくてはならない能力は何なのか。どんな学びが大切なのか。自分の才能や資質は何なのか。自分にはどんな適性があるのか。こうした問題は、一人ひとりが真剣に向き合わなくてはならないものです。それに答えることは簡単ではありませんから、場合によっては周囲からの孤立を感じるような場面に陥ることがあるかもしれませんし、壁にぶつかって、一見停滞してしまうこともあるでしょう。

でも、それを怖がらないでほしい。一度立ち止まって、深く考えたりゆっくり話し合ったりする機会をもってほしい。それこそ、本当の意味で自分を大切にすることですし、本当に自分を大切にした生き方ができれば、それはきっと周囲の人たちにも幸せをもたらすことができるはずです。保護者や生徒に向けた説明会のなかで、私はいつもそうお伝えしています。

第９章

これから身につけるべき英語力は？

英語に重きを置く日本の教育

日本の学校教育や入試、とくに大学入試では、長く、英語が重要視されてきました。文系・理系を問わず、英語の配点が大きい大学・学部はとても多いです。従来は読み書き、すなわち「Reading」「Writing」が中心で、「日本人は英語が聴けない、話せない」などと揶揄されることもありましたが、グローバル化が進むなか、「使える英語力を！」と声高に叫ばれるようになり、近年では聴いたり話したりする、すなわち「Listening」「Speaking」を中心にしたコミュニケーション力の養成に力が入れられています。

子ども向けの英会話教室やオンライン英会話も盛況で、小学校でも5、6年生では英語が必修(3、4年生は「外国語活動」)になっています。また、中学校では2021年度から新しい学習指導要領に基づく英語教育が始まり、その難度の高さ(小学校で英語をある程度学んでいることを前提に教科書がつくられています)は予想以上のものでした。高校でも英語の授業はオールイングリッシュで行うことが推奨されており、「聴く・読む・

話す・書く」の4技能を満遍なく伸ばすことに重きが置かれています。

高い英語力は万人に必要か？

もちろん、ネイティヴ・スピーカーと日常会話できるコミュニケーション英語力があれば、それに越したことはありません。私自身、**eisu**で長く英語を教えていましたし、休暇のたびに短期の語学留学や旅行などにも行っていましたので、「使える英語」や「コミュニケーション英語」を学ぶ意義や、日常生活の中で英語を使う楽しさはよく理解しています。

しかし、この先いくらグローバル化が進むとはいえ、英語のネイティヴ・スピーカーと日常会話するレベルの英語力を万人が身につける必要はあるのでしょうか？　また、今までの英語学習を「使えない英語」や「受験英語」だと揶揄する風潮は、いかがなものでしょうか？

「これからの時代は、どこでどんな仕事をするにせよ英語力は必要だ」などと言う人もいますが、英語の必要性の有無や、求められるレベルは、業種・職種や生活環境によりさまざまです。

そもそもＡＩ翻訳の精度が日進月歩で高まるなか、日常的な英会話レベルはもちろん、専門性や難易度の高い内容のコミュニケーションでも、自動翻訳機などがあれば事足りるようになっています。そのような時代に、ノン・ネイティブが膨大な時間をかけて自動翻訳で対応できるレベルの英語力を身につけるというのは、人間がＡＩと競合しようとすることと等しく、はっきり言えば無謀な選択だと私は思います。これからのＡＩ時代こそ、ＡＩをうまく活用し、ＡＩと共存していくことができる英語力が必要です。

では、そんな英語力とは、具体的にはどのようなものでしょうか？

ＡＩを活用でき、ＡＩと共存できる英語力とは？

私は大学院で英語の論文を読んだり書いたりした際、ＡＩの自動翻訳機能にかなりお世話になりましたが、そのとき痛感したのが、自動翻訳機能を使いこなすためには、日常会話のためのコミュニケーション英語力とは異なる「メタ英語力」が必要不可欠だということでした。

日本語を英訳する際には、まず、もとの日本語文をＡＩが英語に翻訳しやすい日本語文に言い換える必要があります。次に、翻訳された英語文が文法語法的に・構文的に正しいか否か、また自分の伝えたいことが正確に表現できているか否かを、チェックする必要があります。逆も同じで、英語を日本語訳する際には、日本語文法に即した正確な日本語文になっているかどうかをチェックし、適切でなければ適宜修正する必要があります。つまりＡＩの自動翻訳を駆使するためには、このようなメタ英語力が必要なのです。

メタ英語力を備えている人がＡＩの自動翻訳機能を活用すれば、自分のもつ英語力以上の理解や表現が可能になります。一方、メタ英語力がない人はＡＩをうまく活用することができず、たとえ高度な翻訳機能があっても持て余してしまうことになります。どちらの方が、よりグローバルに、より多くの情報にアクセスできるか、また情報発信できるかは、改めて言うまでもありません。これからのＡＩ時代は、メタ英語力によってグローバル社会で活躍のチャンスを大きく広げられる人と、それができない人との差が甚だしいものになります。その点で、これからの時代を生き抜いていくためのカギになる能力こそメタ英語力なのです。

「メタ英語力」はどのようにして身につける？

では、メタ英語力はどのようにして身につけることができるのでしょうか？

それは、大学受験の勉強を通してです。

受験英語は実生活に役立たない、などと批判する人もいますが、ある意味でそれは当然です。なぜならば、英語で書かれた論文や書籍を読んだり、英語で研究論文を書いたりするためのアカデミックな英語力を試すのが大学入試の問題であり、それは英語での簡単なやり取りや日常会話とは全く別のものだからです。

とくに難関大学で出題される英語の問題をみると、たとえば長文読解ならば、英語で書かれた内容を日本語文法に即した正確でわかりやすい日本語文にしたり（下線部和訳問題）、問題箇所に至るまでの流れから理由や背景を抽出してまとめたり（理由説明問題）、英語と日本語とを双方向に理解しながら読み解く力がないと歯が立ちません。そもそも文章全体の内容を理解することが難しいので、仮にそれをＡＩで日本語に翻訳できたとしても、その日本語自体が理解できないという事態も起こります（難関大学の場合だと、全文和訳を読んでも何を言っているのか理解できず、国語の先生に質問に行くケースもあるくらいです）。

英作文も同様で、日本語で書かれたことをその背景まで汲み取りつつ、英訳しやすい日本語に置き換えてから英語に訳すといったプロセスを経る必要があります。

そうした問題に立ち向かうためには、単語やイディオムについての豊富な知識や、文法や構文に関する正しい理解を含めたメタ英語力が不可欠なのです。

一例として、図表９－１の京都大学の英作文の問題を見てみましょう。

下線部の前の文を(A)、下線部を(B)、後の文を(C)としましょう。(B)に入るのにふさわしい内容を自分で考えて補ったうえで、(A)(B)(C)全体を英訳するという問題です。

受験生の心理としては、まず(A)と(C)から着手するはずです。それらは一見シンプルな問題のように見えますが、ただ、やってみるとわかるように、(A)と(C)の日本語をそのまま英訳することはできません。まずこれらを英語にしやすい日本語に言い換える必要があり、英語と日本語とを双方向に理解しながら読み解く力が求められます。それができてはじめて、英語文の作成にとりかかることができるのです。

一方(B)は、いろんな内容が入りそうで、自由度が高そうに思われます。しかし、ここには英語の枠を超えた難し

図表9-1　難関大学の英語問題例

Ⅲ 次の文章を英訳しなさい。途中の下線部には、ふさわしい内容を自分で考えて補い，全体としてまとまりのある英文に仕上げなさい。下線部の前後の文章もすべて英訳し，解答欄におさまる長さにすること。（25点）

海外からの観光客に和食が人気だという話になったときに，文化が違うのだから味がわかるのか疑問だと言った人がいたが，はたしてそうだろうか。____。さらに言うならば，日本人であっても育った環境はさまざまなので，日本人ならわかるということでもない。

京都大学 2018 前期、大問Ⅲより

さがあります。皆さんも一度、ここにどんな日本語文が入るか考えてみてください。

(B)の内容を導くためには、第一に、(A)の最後にある「……はたしてそうだろうか」という文末を「……いや、そうではない」と反語として解釈したうえで、(A)の論旨が「文化が違っても和食の味はわかる」ことだとおさえておく必要があります。第二に、(C)「……日本人でも育った環境はさまざまなので、日本人ならわかるわけではない」とありますから、(B)の内容は、論理的に(A)がその前提になり、(C)がその帰結になるような文だと考えられます。そこから、(B)には「和食の味がわかるかどうか、文化は関係ない」という趣旨の文が入るわけです。たとえば「個人によって味覚や嗜好は違うから、日本人ではなくても、和食の味がわかる人がいても当然だ」といった意味の文になります。

こうして考えてみると、(B)にあてはまる文は、ロジックや趣旨という観点から考えると、解答が極めて限られることがおわかりいただけると思います。ここまで段取りを踏んでいくだけでもたいへんな労力ですよね！　でも大学の出題意図はまさにここにあります。しかもここまで英語らしい作業は一切行っていません。全く国語力勝負です!!

しかし、この問題はとくに奇をてらっているわけではありません。英語・日本語双方にわたる知能をフルに働かせる、本当の意味での論理的思考力が問われる問題になっています。自然に流れていくメッセージ文の背後にあるロジックの存在に気づかせ、そこに存在しない文を前後から推理させるというかなり奥の深い問題であり、さすが京都大学という感じです。

京都大学に合格できるレベルの能力を皆が持つ必要はありません。しかし、ここで必要とされるようなメタ英語力を、ＡＩが代替できる時代は当分やって来ないことは確かです。大学受験の勉強を通じてこうした能力を養っていくことにどれほどの価値があるかは、このことからもわかっていただけると思います。

英語力と国語力を共に育む教育を

この京都大学の受験問題の例でもわかるとおり、受験勉強を通して養われるメタ英語力も、そのベースにあるのは母国語リテラシーです。英語の勉強をいくらがんばっても、母国語である日本語のリテラシーが低い状態では、高度な内容をやりとりすることはできません。発音がきれいで流暢であっても内容が薄っぺらな話をするのと（日本人は往々にしてこういう英語を高く評価しがちですが……）、発音が悪かったり話し方がたどたどしかったりしても自分の意見や主張を論理的に伝えられるのと、どちらが相手を納得・共感させることができるかは、言わずもがなです。本当の意味でのメタ英語力を身につけるためにも、母国語リテラシー、つまり国語力に、もっと光を当てるべきだと思うのです。

繰り返しになりますが、ＡＩを活用して高度な英語力を操るためには、日本語の力が欠かせません。日本語の豊富な語彙を糧に、論理的に思考し読解する力を持ち、誰もが納得できるロジックで表現する力を身につけることを優先するべきです。そこが弱いまま英語を学んでも、薄っぺらな思考やアウトプットしかできません。だからこそ、まずは国語教育が重要なのです。

本書を通して私は、母国語リテラシー、国語力と言葉を変えながら、その重要性を訴えてきました。しかし、現実をみると、日本の教育において国語教育は相変わらず軽視されたままです。それどころか、新学習指導要領では、小学校の国語の授業時間数が減っているのです。信じられない思いでいっぱいです。また、高校では、家庭科に「金融教育」が追加されました。投資や運用について学ぶことも必要ですが、それ以上にまずは国語教育に力を入れる方が大事です。あれもこれもと盛り込みたくなる気持ちはわかりますが、もう少し優先順位を考えたカリキュラムにすべきだというのが私の強い思いです。

第10章

これからの時代は
学歴不問!?
中学受験は悪!?

学歴は努力の証

「学歴なんて関係ない」「大事なのは実力だ、人間力だ」――そんなことを言う人がいますが、本当にそうでしょうか。もちろん、学歴が高くなくても社会で活躍している人はたくさんいます。いわゆる高学歴でも、不遇な人生を歩んでいる人だっているでしょう。でも、数ある事例の中からそういう人たちだけを特に取り上げて「学歴なんて関係ない」と言い切るのは、あまりにも論理が飛躍していると思います。

実際、いわゆる「学歴フィルター」は、あからさまではないにせよ、確実に機能しています。海外の企業や国内の外資系企業では、「修士（マスター）以上」を採用条件にしているところが少なくありませんし、最近注目されているジョブ型の新卒採用でも、どこの大学で何を学んだかという学歴や専門性が問われています。実際、人事・採用系の仕事をしている友人の話を聴くと、ＩＴ・ＡＩ時代になってから、学歴によるフィルタリングがさらに顕著になっているそうです。

これからを生きる子どもたちが、「学歴なんて関係ない」という一部の大人の安易な言葉を鵜呑みにしないことを切に願います。

そもそも学歴は、字の通り、どこで何を学んできたのかというその人の学びの経歴、つまりキャリアであり、これまでに残してきた努力や成果の軌跡です。ですから、採用などのシーンで重要視されるのは当然のことです。

実力や人間力といったその人の能力は、かたちのないものです。とくに、まだ一緒に仕事をしてもいないのに、その人にどのような能力があるのかなんてわかりません。しかし、たとえば新卒採用において、A大学卒業という学歴があれば、A大学に入れるレベルの学力・知能水準と目標に向かって努力できる力、つまり認知能力と非認知能力を合わせ持っている証になります。学歴だけで人を判断するのは非常識ですが、人を総合的にみるうえで、学歴が関係ないわけがないのです。

学歴は誇りであり、尊重されるべきもの

ですから、学力水準が高い大学で学んだ人は、希少性があり、高く評価されるのは当然です。そこまでの高みを目指して努力し、それを成し遂げたという事実は、その人のもつ希少価値です。そして、希少価値が高い人が評価されるというのは世の中の常です。周りがなんと言おうとも、自分で得てきた学歴は誇りにすべきですし、他者の学歴を軽んじるべきではないのです。

スポーツ選手が試合で優れた成績を残したり、素晴らしい記録を打ち立てたりしたとき、私たちはそれに感動したり、それを高く評価したりします。そのことに「おかしい」と疑問を投げかける人はおそらくいないはずです。人はそうした成績や記録を、選手の高い能力だけでなく、それを得るまでに選手が積み重ねた苦労や厳しい練習の証であると素直に受け止めるからでしょう。学歴の場合もスポーツと同じように捉えるのがいい

のではないでしょうか。人が努力して勝ち取った結果は、その人の「メダル」として素直に称賛するというのが、人としての自然なリアクションだと私は思います。

勉強ばかりしていたら人格形成に問題が生じる?

また、「高学歴なのに人間としてはダメな人」「東大を出ているのに仕事ができない人」というような描き方をした記事などをよく見かけます。むろんそういう事実はあるでしょう。でもそういう例を見つけては、それがあたかも全てであるように囃し立てることで、「高学歴」「勉強」「受験」などに対してネガティブな印象を与えるようなことは、正直言ってどうかと思います。

そもそも、「勉強ばかりしていたら人格形成に問題が生じる」という見方は間違っていると思います。私はこれまで多くの生徒を見てきましたが、学力の高い生徒ほどメタ認知能力が高く、自分自身のことを冷静に見ている場合が多いように思います。「なりたい自分」と「現状の自分」を客観的に捉え、そのギャップを埋めようと必死に努力しています。自分は未熟だという認識があるからこそ、知識や教養をもっと身につけないといけないという思いがあり、それが勉強の動機にもなっているのでしょう。だから、そういう生徒ほど謙虚です。

そして、勉強する楽しさはもちろん、苦しさも辛さもわかっているからでしょうか、必死に努力している子は周囲や仲間に対しての思いやりにも長けています。そんな生徒の姿を見て、私自身が多くのことを学ばせてもらっています。

毎年、印象的なのが大学の合格発表日です。今はインターネット上で合格者の受験番号が確認できるので、私たちは直接生徒に会う前から合否がわかっています。しかし、いざ生徒が校舎にやってくると、喜び勇んだ表情も、ガッカリと落ち込んだような表情も、見せる生徒はほとんどいません。合格した子も不合格だった子も、一緒にがんばってきた仲間に気まずい思いをさせたくないからと、気遣っているのです。目標に向かって努力をするというプロセスを通して、人格も形成される。私はそう信じています。

中学受験に挑戦する意義とは？

昨今は、首都圏や関西圏など都市部を中心に、中学受験熱が高まりを見せています。そうしたエリアにお住まいの方は、我が子を中学受験させるべきか否か、悩まれることでしょう。実際、各種メディアやSNSを通して中学受験は子どもの成長を阻害する「悪」だと主張しているような人もいるので、地域を問わず相談を受けることが増えました。

私は、中学受験のために日々努力する価値は非常に大きいと思っています。

東大・京大や医学部の合格者数ランキングでは、中高一貫校が例年上位に名を連ねています。こうした学校では高校受験をスキップすることができるので、中高の6年間で大学受験に特化したカリキュラムやスケジュールをデザインできます。たとえば中学校内容を1年半～2年程度で高速修了させて、その後、負担の大きい高校内容の学習にじっくり取り組み、最後に受験大学の対策にまるまる1年を充てるわけです。そのメリットは極めて大きいです。

しかしそれと同等、いやそれ以上に大きいのは、第3章で述べたように、優れた子どもたちが切磋琢磨して高め合う環境があることです。人生でも特に大切な思春期の6年間をそういう環境で過ごすチャンスが得られるという意味で、中学受験をすることには大きな意味があると思います。

子どもの発育過程や性格とのマッチングが大切

ただし、子どもの発育過程や性格には、大きなばらつきがあります。子どもたち一人ひとりの適性を見極めながら導いてあげるのが、親御さんの、そして周りの大人たちの仕事です。

中学受験をする場合は、小学校低学年から塾に通うケースが一般的になっていますが、これまで多くの子どもたちを見てきて感じるのが、この時期の子どもの発育には大きな個人差があるということです。自分で課題を発見して主体的にチャレンジできる子もいれば、親に言われるがままなんとなく塾に通っている子もいます。もって生まれた性格や特性もあるでしょうが、多くの場合は心身の発育の差だと感じています。

成長が早い子もいれば緩やかな子もいるなか、小学6年生の1月～2月の中学受験という舞台で、みんながみんな、潜在能力の全てを発揮できるわけではありませんから、そのタイミングではうまくいかなかった、ということはどうしても起こります。

しかし、たとえ不合格という結果であっても、努力した経験がプラスになるような振り返りが親子でできていれば、それがむしろポジティヴな経験になることもありますし、実際、そういう例も私は多く見ています。でも、不合格という結果だけにこだわり、そこばかりに意識が向くと、子どもの自己肯定感が下がってしまう恐れがあります。そして、ひどい場合はそれをずっと引きずってしまうことにもなりかねません。

一方、合格した場合にも落とし穴があります。合格という結果だけにとらわれて満足してしまい、そこで向上心を失ってしまうと、速いスピードで進んでいくカリキュラム、とくに最初の1年半～2年の中学校の学習内容の速さについていくことができず、その結果、6年間全体を不本意な形で過ごさざるを得なくなります。こうしたことを考えれば、誰もが闇雲に中学受験に挑むことや、合格さえすればそれで良しと考える訳にはいかないように思います。子どもの発育過程や性格とのマッチングを慎重に見極めていく必要性は大きいと思います。

能力が開花するタイミングは人それぞれ

私が実際に担任として担当していた生徒のなかに、とても印象に残っているある生徒がいます。彼は、中学受験で第一志望校に不合格になり、第二志望校に進みました。当時は体も小さく、精神的にも幼い印象でした。次の大学受験でリベンジすると言ってそのままeisuに通い続けてくれたのですが、中学1~2年のうちは、コツコツと努力はしていたものの学力的にはそれほど目立った存在ではありませんでした。ところが、中学3年生くらいから高校にかけて身長がグングンと伸びたかと思うと、学力もメキメキついて驚くほど成績が伸びました。それだけでなく、その学年を引っ張るようになるとともに、後輩たちへの指導も熱心にしてくれるようになり、校舎全体のリーダー的存在に成長しました。ちなみにその生徒は、東京大学と北海道大学とを迷った結果、獣医になるという確たる意志のもと北大の獣医学部に進学しました。正しい努力を続けていけば、必ず能力は開花するものだと、改めて感じた一件でした。

中学受験は、自分が決めた目標に向かって努力する、素晴らしい機会です。受験勉強を通して、学力のみならず、意欲や集中力、忍耐力や我慢強さ、やり抜く力といった非認知能力も高まります。一方で忘れてはならないのが、子どもの発育過程や性格を見極めることです。能力が開化するタイミングは人それぞれ。その時一回だけの結果にこだわらず、失敗したってまた次がある、大事なのはこれからだと正しく振り返って前向きに捉えることです。中学受験をするにせよしないにせよ、どこかのタイミングでは受験をしなくてはならないわけですから、どの道を行くにせよ壁はあるんだということ、その壁を乗り越えようとすることこそが大事なんだと伝えることも、大切なことだと思います。

第11章

家庭学習こそ
学びの最終到達点!!

人はなぜ勉強したくないのか？

自ら進んで意欲的に勉強するのが理想的な姿ですが、実際は好き好んで勉強する人はほんの一部です。子どもはもちろん、自分の能力を高められるという勉強の意義をわかっている大人であっても同じです。なぜ勉強をしたくないかには、大きく二つの理由があると思っています。

一つは、何かを達成するためには苦労や困難が伴い、その苦痛に前向きになれないからです。勉強とは地道なトレーニングや反復作業ですから、継続的な努力が必要になり、その代償として何かを我慢しなくてはならないシーンが必ず出てきます。そういった努力や我慢をネガティヴに受け止めている限り、自ら勉強に向かうことは難しいでしょう。

もう一つは、新しいことを学ぶ際には、自分は無知・無力であるという現実と向き合わなければならないからです。知らない自分、わからない自分、できない自分を認め、受け入れることは、大きなストレスを伴います。その結果、勉強から目を背けたくなるのです。

知らない、わからない、できない……を、知りたい、理解したい、できるようになりたい……に転換する原動力には、内発的な動機と外発的な動機の両方が必要です。これらがうまく噛み合うと、勉強への意欲も湧いてきます。そして、勉強に伴う苦労や困難、努力や我慢もポジティヴに捉えられるようになり、向上心をもって主体的に勉強に取り組めるようになるのです。

勉強の4つの段階

勉強には4つの段階があります。第1段階は、「親御さんや先生など、外部の人に強制されてする勉強」です。やらなければときにはペナルティが発生するような、やらざるを得ない状況でやらされる勉強です。勉強とは、一般的にはこのイメージで捉えられていることが多いですね。その意味なら、子どもたちが勉強を嫌がるのも当然と言えば当然です。

第2段階は、「親御さんや先生など、外部の人に誘導されてする勉強」です。親御さんが勉強する意義や尊さをうまく諭したり、先生が勉強の楽しさや面白さを見せたり、小さな成功体験の場を演出したりすることで、子どもたちを勉強へと誘導します。子どもたちを乗せるのが上手いというのは、塾ではいわゆる「良い先生」の必須条件です。

第3段階は、「子どもたち同士が切磋琢磨し競い合いながらする勉強」です。これは、子どもたちが互いに励まし合ったり刺激し合ったりして、切磋琢磨して伸びていくような学びのことです。先生と子どもたちというタテの関係よりも、子どもたち同士というヨコの関係が、子どもたちを学びへと動機づけるのです。

そこでは、先生はいい授業をするだけではなくて、子どもたちが切磋琢磨し合うような雰囲気を醸成することが仕事になります。先生の第一の使命は、子どもたちが学ぶ環境そのものをつくり上げることなのです。

私たち学習塾がまず目指すのは、まさにこの段階です。今の世の中では、学習塾の先生が良い授業をするのは当たり前です。私たち塾の先生にとって重要な仕事は、子どもたち同士が学び合い高め合う空間をつくることです。優れた教材も優れた授業も、言ってみれば学びのツールにすぎません。学びの質を決めるのは、ツールではなく環境なのです。

少し脱線しますが、自分と同じ、または少し上のレベルの友人たち・ライバルたちと健全な緊張感をもって切磋琢磨しあえる、そんな高い同質性圧力が働く環境によって得られる効果のことを「ピア・エフェクト効果」と言います。学力を向上させたいと思えば、そうした環境に身を置くことが一番です。

ビジネスでは、組織・人材はダイバーシティを加速させよ、などと言って、同質性圧力はネガティヴな意味で用いられていることが多いのですが、そもそも人間は集団的な生き物で、周囲の環境の圧力を常に受けて成長してきました。成長過程の子どもたちならなおさらです。

しかし、そんな環境をデザインする、つまりそんな環境に身を置くことが今ほど重要なときはないように思います。それはなぜでしょうか？　その一番の理由は、公教育（公立小・中学校）の問題です。とある勉強会で中央官僚の方が「今の公教育は、『教師（若い教師）の質の低下』に、『教育／授業の水準レベルの低下』が相まって「未曽有な危機的状況にある」と説明されていました。ただ、教師の質の低下は、劇的に進化しているデジタルツールを人とハイブリッドしてうまく活用していけば、補うことは理論上可能なのだそうです。しかし、後者、つまり教育・授業のレベル低下については解決の見通しが立っていないようなのです。

そもそも公教育のミッション（＝使命）は、子どもたち全体の学力レベルをボトムアップする（＝底上げする）ことであり、これからの日本を、社会を引っ張っていく未来のリーダーの素養のある子一人ひとりにフォーカスして、それを伸ばして育成することではありません。ですから、クラス全体の授業レベルは、どうしても真ん中の子よりちょっと下のレベルに合わせざるを得ないのです。

たとえば、図表11－1は三重県内某市のある公立中の3年生の数学の得点グラフ分布です。かつての私たち親世代においては、大きな山が1つある状態であり、授業のレベ

図表11-1　学校内における学力格差（イメージ）

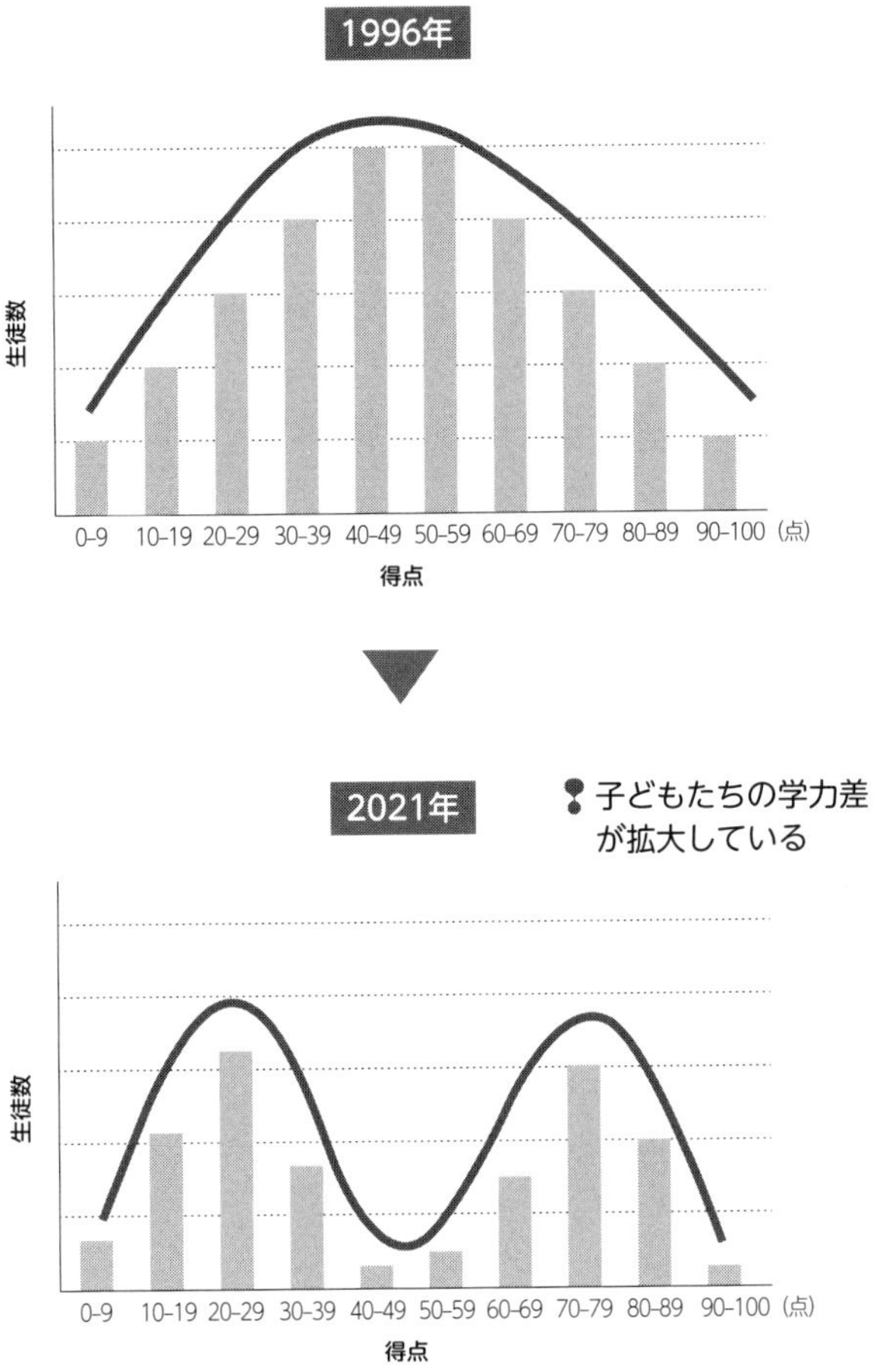

三重県内某市のある公立中学校3年生の実力テスト数学の得点分布
著者調査・作成による概略図

ルがそのピークに対して少し低めに設定されていました。ところが今は、少子化に所得格差などさまざまな要因が相まって、子どもたちの学力差が拡大し、小さな山が二つある状態になってしまっています。その結果、授業のレベルをかなり低い水準まで下げざるを得なくなっていると思われます。

教育経済学的見地からいえば、人的資本への投資に対する収益率、教育投資に対するリターンが最も高い、そんな貴重な義務教育期間が効果的に使えていないのです。ドラマの「二月の勝者」ではありませんが、ここ数年、少子化にもかかわらず、都市圏において公立学校を避け、小学・中学受験ブームが過熱している大きな要因の一つはこれかもしれませんね。

図表11-2　勉強の4つの段階　まとめ

	最大のモチベーション	説　明
第1段階	外部からの強制	自分からする理由が見つからず、命じられたことをしぶしぶ行うような状態。
第2段階	外部からの誘導	大人のリードや周りの雰囲気に乗せられて勉強する。でも周囲に依存してもいる。
第3段階	仲間からの刺激	自分で主体的に動きながら、仲間同士で刺激し合う。大人のウェイトは小さくなる。
第4段階	自分の内発的なもの	誰に言われなくても、自分で主体的に課題をみつけて、解決に向けて行動する。

話を戻して、いよいよ第4段階のご説明をします。勉強の最終の段階は、「誰かに言われなくても主体的にする勉強」です。自分で課題を設定し、そこに向かって歩き出し、困難にぶつかっても自分で課題解決策を考え、それを実行していきます。また、外部の誰かの力を借りなくても、学ぶ意義や楽しさを自分で見いだすことができます。自分で自分の心に火をつけ、圧倒的な内発的動機を原動力に進んでいくことができるのが、勉強の究極の段階であり、何よりも望ましいあり方です。

学習塾に通うのは何のため?

本来、家庭はとても勉強がしにくい場所です。なぜなら、家庭は家族が安らいだり落ち着いたりする場所ですし、また最近はスマホやタブレット、パソコン、ゲーム、SNSや動画配信などの普及で、家庭内において独りでできる遊びの選択肢も増えているため、そうした場所で努力を続けることが難しいからです。

しかし、そんな家庭でも、もし子どもが自ら勉強に取り組み出したら、親御さんとしてはうれしいですよね！　我が子の成長を実感し、感動する瞬間でしょう。

実は、学習塾が存在する意義は、まさにそこにあると思っています。成績アップや志望校合格はわかりやすい指標ですが、より本質的な課題は、自ら学ぶ意欲や姿勢を育むことにあると私は考えています。人生100年時代と言われ、生涯にわたる学びの必要性があちこちで謳われている今、この課題がクリアできれば、その後の人生の基盤となる資質や能力を身につけることができると思うのです。

そうであるからには、私たち**eisu**や学習塾のミッションは、生徒が第4段階まで到達するための指導・支援をすることです。

公教育のミッションは、先述した通り、子どもたちの集団全体の学力をボトムアップ（＝底上げ）することです。でも親御さんにとってみれば、我が子は単なる集団のなかの一人ではありません。一人ひとりがかけがえのない個性をもっているのです。私たちはそうした親御さんと同じ目線を共有して、生徒一人ひとりの特性や個性に合わせて、どうしたら勉強に興味がもてるか、心に火を点けられるか、主体的に動き出すか……、褒めたり、励ましたり、ときには煽ったりもしながら、試行錯誤を続けています。そうした「個」への対応こそ、私たちeisuの指導理念です。

それゆえ、従来の指導法にとらわれず、オンライン指導や映像授業、デジタルコンテンツなど、その子に合った手段やツールをハイブリッドして提供・指導することも大事にしています。勉強法や指導法に、唯一無二の正解はありません。生徒の数だけ正解があるのです。私が、このやり方はいい、これはダメだと何でもかんでも杓子定規的に白黒をつけることに反対なのは、まさにこれが理由です。

家庭学習の意義

先ほども述べたように、家庭は、本来はとても勉強がしにくい場所です。ですから家庭学習というのは、強制されてするものではなく、主体的にするものでなければいけません。一般的に、家庭学習は塾などの勉強を補うためのものだと考えられがちですが、実はその関係は逆です。「自分から勉強したいと思って取り組む(＝家庭学習)」ことができるようになるために、塾に行ってステップアップする。これが、本来の教育のあり方なのです。

親御さんはつい、家庭でも「勉強しなさい」と言ってしまいます。つまり、勉強を強制してしまいます。しかし、強制されている限り、子どもの勉強は第1段階のまま。親御さんの過度な干渉は、主体性を育むどころか、その芽を摘んでしまいかねません。子どもが家庭でも勉強できるよう指導・支援するのは教育者の役目なので、親御さんにはぜひ、見守りに徹していただきたいと思います。そのためにも、親御さんと教育者とがタッグを組み、役割を分担しながら子どもを導いていくことが重要です。

図表11-3　子供が自立するまでのプロセス（イメージ）

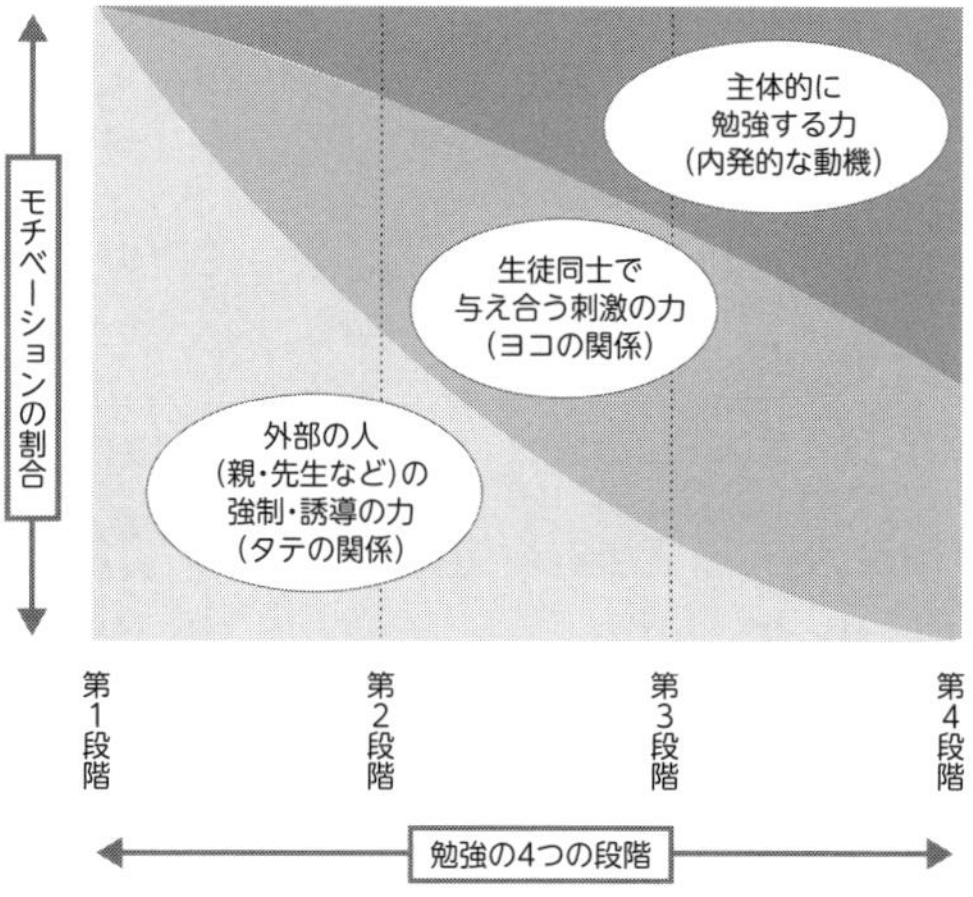

ロシアの心理学者レフ・ヴィゴツキーは、子どもの主体的・自立的な学びと他者とのつながりの関係性について説いています。学び始めは他者からの支援がほとんどで、主体性・自立性はわずかですが、年齢を経るにつれて、自ら課題を発見し、主体的・自立的に学んでいくようになり、最終的には他者からの支援がほぼなくても学べるようになります。家庭学習は、学びの最終到達点なのです。そうした認識をふまえ、子どもが今どの段階にいるのか、客観的かつ長期的な視点で見ていくことも大事だと思います。

学びのデジタル化がはらむ危険性

先ほど、オンライン指導や映像授業、デジタルコンテンツなども生徒の適性に応じて取り入れていると言いましたが、大いに懸念している点があるため、ここで補足をしておきたいと思います。

新型コロナウイルスの蔓延により、教育におけるデジタル化が一気に進みました。塾や予備校では従来からオンライン授業やデジタル教材と対面とのハイブリッド形式が行われていましたが、昨今では公教育においてもこれらの活用が議論されるようになり、国は小・中学校対象にＧＩＧＡスクール構想を進めています。しかし、一律に公教育でデジタル化を進めることには危険性があると私は思っています。私の長年の指導経験や研究から得た知見からはっきり言えることは、オンライン授業やデジタルコンテンツを使って主体的に学習ができる生徒は、そう多くはないということです。

自ら課題を発見し、課題解決に向けて戦略を立て、自ら学んでいける生徒、つまり、第４段階の勉強ができる生徒や、繰り返しになりますが母国語リテラシーや全体学力が高い生徒にとっては、ＩＴ授業・オンライン授業などのデジタルコンテンツはたいへん有益です。多種多様なコンテンツを多種多様に扱うことができるため、個別最適な学習が可能になります。たとえば、自分にとって必要な内容を効率よく学んだり、学年の枠にとらわれない先取り学習ができたり、志望校にピッタリ合わせた対策ができたり、部活動と両立するスケジュールで勉強できたりするようになります。

一方、まだ課題が発見できていない、母国語リテラシーが低い段階にある生徒は、他者による支援が必要です。つまり、そうした生徒がオンラインやデジタルで提供されるツールを活用できるようになるには、人の力による手厚いサポートがどうしても必要なのです。実際、あの手この手で私たちがサポートをしないと、いくら優れたコンテンツが揃っていても勉強がなかなか進まない……という生徒が多いのが現実です。進学高校に通う生徒ですら1、2年生ではこの状態ですから、公教育で画一的に小・中学生に対してオンライン授業を導入するとなると、ドロップアウトしてしまう人がかなり多くなると思います。

リアルな対面授業では、講師や先生は子どもの顔色や反応を見て授業を進めます。わかっていないと思えば説明を加え、集中できていないと思えばメリハリをつけ、その場をアレンジしていきます。しかしオンラインだと、画面越しからでは子どもたちの様子が見えにくく、細やかな対応が難しくなります。一部のできる子だけがどんどん進み、残りの子はなかなか進まないため、学力格差の拡大にもつながりかねません。

もちろん、何らかの事情で学校に来られない生徒に向けてや、地方における教員不足の解決策として、オンライン授業が導入されることそれ自体は良いことです。でも、それによって人の力は不要になると考えるなら、それは間違いです。デジタル教科書の導入についても同様です。単に学びのオンライン化、デジタル化だけを目指すのではなく、生徒がオンライン化、デジタル化されたツールを使いこなせるよう、人の力によるサポートを担保するという方向で技術が導入されることを願っています。

第12章

教育による
日本の再興を！

そもそも少子化は「悪」なのか？

この本の原稿の最終仕上げにとりかかっていたとき、ちょうど、私の故郷・三重県の伊勢市で開かれた岸田総理の年頭記者会見をニュースで目にしました。なかでも注意を引いたのは「異次元の少子化対策に挑戦し、大胆に検討を進める」という言葉でした。

政府が挑戦しようという「異次元の少子化対策」がどのようなもので、そしてどのような成果をあげることができるのか、詳しくはわからないところもありますが、それが日本の再興に役立つことを願っています。でも、正直な感想を申し上げますと、現時点ではちょっと納得できないような違和感を覚えるのは私だけでしょうか。

そもそも論として言いますが、少子化って、そんなに「悪」なのでしょうか？

もちろん、少子化が進めば総人口も、そして労働人口も減ります。すると国全体の経済規模が小さくなり、人の頭数に依存してきた多くの生業が立ちゆかなくなる可能性があります。さらに高齢化が進み非労働人口が増えれば、その人たちを国全体としてどう支えていくかも問題になります。過疎化が厳しく進行する地方の状況をみると、少子化が進めば日本全体がこのようになるのではないか？　と多くの人が危機感を持つのは当然です。

第1章でも触れた通り、ＧＤＰ（国内総生産）は「労働生産性×労働人口（労働人口＝全人口×労働参加率）」によって決まります。もし労働生産性が今の状態のままならば、人口減少は経済の縮小に直結します。だからとにかく労働人口を増やさなくては！　女性にも活躍してもらわなければ！　ということになったわけです。

しかしそれは、日本の労働生産性が今の低い状態のままならば、……というのが前提になっています。一人あたりの労働生産性がどんどん高まり、一人あたりの所得が増えていきさえすれば、そこまで将来を悲観する必要はないのではないでしょうか。

ならば、最優先するべきは「国を挙げて一人あたりの労働生産性を高めよう！」ということであるはずです。なのに、なぜそうした呼びかけがなされないのでしょうか？　なぜ「国民一人あたりのGDPを増やして、国民一人あたりの所得を増やそう！」ということが日本の最優先課題にならないのでしょうか？

少子化が進む背景とは

それに、社会が少子化に進むのには、正当な理由があります。

子どもを産み育てる最大のモチベーションは純粋な家族愛であるはずですが、現実的には、経済・社会的理由を無視できません。

たとえば近代以前では、多子化にはいろいろ経済・社会的なメリットがありました。農業労働力の確保のため、一族の勢力拡張のため、一族が所有している家や土地などの資産を安定して相続させるためなどです。そういう社会では、「氏」や「家」が優先され、「個人」が軽視される局面が多くなりがちだったのは事実です。また、女性は子どもを産む存在として扱われ、高度な教育を受けたり、社会に出て経済的に自立して生きたりする道が封じられることも多かったと思われます。

そして近代以前の経済では、農業が産業の中心でしたが、そうした社会では、人口増加率は農業生産量の増加率よりも高くなる傾向があります。そのため、一人あたりの所得が圧迫され貧困化しやすいという現実がありました。それは経済学者ロバート・マルサスの名をとって「マルサスの罠」とも言われますが、しばしば深刻な社会問題を招いてきました。所得の暴力的な再分配を狙った戦争などはその最たる例ですが、飢饉や「口減らし」など、一人あたりの富の割り当ての小ささ、つまり貧しさゆえの悲劇が頻繁に起こっていたのです。


これに対し、近代以降、資本主義とグローバル化の進行により、近代以前とはまた別の新たな数々の悲劇が引き起こされてきたのは確かです。しかし、人類全体の経済規模が爆発的に拡大し、それによって一人あたりに割り当てられる富の量が格段に増えたこと(先進国中心ではありますが……)もまた、厳然たる事実です。

労働の単位が一人ひとりの個人へと変わることで、「氏」のため「家」のために生きる人生から、「個人」が自分で自分の生きる道を選びやすい社会へと移り変わりました。

産業が高度化するにつれて教育も高度化し、女性もまた高度な教育を受け、自立して生きる道が開かれるようになりました。

社会が少子化の方向に進んできたのは、こうした経済・社会的背景があってのことです。このように考えたとき、少子化や人口減少を、単純に「悪」と見なしていいはずがない、というのが私の考えです。

本当の「悪」は、労働生産性を低くとどめること

むしろ「悪」なのは、国民一人あたりに割り当てられる富を少ないままにとどめること、あるいは同じことですが、一人あたりの労働生産性を低水準にとどめることです。

初めに引用した「異次元の少子化対策」ですが、詳細は現時点では不明ですし、私は国の政策が成功するのを望んでいますから、批判めいたことはあまり言いたくありませ

んが……。

でも、①児童手当など経済支援強化、②学童保育や病児保育、産後ケアなど全ての子育て家庭への支援、③仕事と育児を両立する女性の働き方改革の推進、の3点を中心に議論を開始するとのことですが、この内容にも違和感を覚えてしまいます。

たとえば、子どもを生んでから手当を与えるというよりも、子どもをあきらめざるを得ないような経済状況をなくす、あるいは、子どもを自由に産み育てるのに必要な所得を得られるようにする方が先決ではないでしょうか。将来にわたって安心して生活できるというヴィジョンもないのに、手当や税の優遇があるからという理由で（しかもそれがどの程度の金額で、かつどのくらいの期間続くのかもはっきりしないのに）、子どもを産み育てようとする人が増えるとは、私には思えません。

また女性ばかりが話題になりがちですが、男性もまた同様であるはずですし、男女両方で労働生産性や所得が高まれば、女性だけに頼らなくても、一家庭で仕事と育児の両立ができるような選択肢も得やすくなるのではないでしょうか。

そもそも子育ては、夢や希望のある営みであるはずです。手当が支給される・税が優遇されるといった金銭上のサポートも大事ですが、人の成長にコミットする喜びを国民皆で分かち合っていこうという訴えかけこそ、第一になされるべきです。そう考えると、この「少子化対策」はどこかピントがずれているという印象がぬぐえないのです。

日本再興のカギは教育にあり!!

こうした国や社会全体の仕組みを変えるようなことは、私たち一人ひとりの手に余るものがあります。でも、たとえ地位や立場が違っても、私たち一人ひとりが個人でできることがあります。

それは、自分自身の労働生産性を高める努力をすること、つまり自ら主体的に学ぶこと、良い教育を受けること、そして、良い教育を与えることです。

たとえば、日本の実質賃金がこのところずっと伸び悩んでいる現実を受け入れ、今、ようやく賃金を上げようという動きが始まっています。それは大賛成ですし、とても大切なことです。しかし実際、企業側だって、社員の労働生産性が上がらないにもかかわらず、ただ賃金だけを上げるという方向に舵を切ることはできません。賃金や給与を上げ、所得を増やすためには、まずは個人が労働生産性を高める努力を積極的に始めることが、世の中の流れを変えるトリガーになると私は思っています。

まして、これから社会に出ていく子どもたちはなおさらです。いっぱい勉強し、良い教育を受け、自分の能力を高め、労働生産性を高い水準にもっていくこと、それこそ、日本を再興するために、個人ができる最優先事項です。これはどうしても自分が主体的に動く必要のある、決して人任せにはできないことです。

今、私たちが最も注力すべきは、次世代に対する投資、つまり教育であることは疑いようがありません。教育にこそ、日本の再興がかかっているのです。もう日本はダメだと諦めてしまったらそこでおしまいですが、私たちにはまだ、残された道があるのです。

教育を軽視する考え方を日本から払拭しよう

教育とは、人が潜在的にもつ、学ぼうとする力を育て、自身の人生を豊かにする最高の営みです。だからこそ保護者は我が子の教育に熱を入れるのでしょうし、教育に携わる私のような者は自分の仕事に誇りをもてるのです。

しかし日本は、もう20年以上にわたり、教育はもちろん、人を育てるという行為に積極的に投資をしてきませんでした。それどころか、教育熱心であることを否定したり冷やかしたりするような風潮が見られたり、勉強や勤勉さを軽んじるような意見や主張が無責任に発信されたりして、国全体が易き方向に流れてしまっています。これは深刻かつ危機的な状況です。

こうした状況を変えていくためには、まず大人が、教育に対して正しい知見を持つ必要があります。教育について真剣に考える人たちの見識を集め、効果的にシェアしていく。そんなコミュニケーションの場や仕組みをつくりたいと、私は長く構想してきました。しかし一方で、これを実現するためには、私自身が教育について経験のみならず確かな知見をもつ必要がありました。そこで、eisu COOとして現場で実務にあたる傍ら、2022年まで地元の国立大学大学院に在籍し、学術的な観点から教育について研究を行ってきました。そして、ようやく機が熟したと確信したのです。

「教育を通して日本を再興する！」という強い思いを共有する仲間と共に、教育についての意見や知識、情報を、責任をもって発信したい。そんな思いから立ち上げたのが、「伊藤奈緒の教育チャンネル」です。毎回、多彩な専門家・有識者をゲストにお招きし、教育に関するさまざまな問題やテーマについて解説する動画を配信しています。

本チャンネルで大事にしているのが、確かな根拠に基づく、明快で納得のいく知見を提供することです。本書の冒頭でも申し上げたように、世の中にはエビデンスのない、独りよがりの情報があふれています。とくに教育については、個人的な経験に依拠した発言・発信が少なくなく、それが日本国民を易き方向へと導いています。教育に迷える人たちに、このチャンネルを通して正しい情報やモヤモヤとした疑問に対する答えを提供していきたいと考えています。

チャンネル内のコンテンツは、教育関係者の方々の実務にも活かせるよう工夫しています。動画は1本につき10～20分程度。忙しいなかでも短時間で効率的に視聴できるよう配慮しているので、ぜひご活用いただきたいと思います。

おかげさまで、チャンネルスタートから間もないながら、TV局、ラジオ局、新聞社、業界誌など各種メディアに取り上げていただき、好意的に評価していただいています。今後は、オンライン講義、双方向形式の対談やトークセッション、会員メンバーによるサロンなど、サービス形態の拡大を計画しています。本書で語り尽くせなかったことはもちろん、教育に見識のある優れた有識者たちの言葉や教育に関する最新の情報もお届けします。ぜひ、「伊藤奈緒の教育チャンネル」をご視聴ください。

伊藤奈緒の教育チャンネル

著者・伊藤奈緒がファシリテーターを務め、各種メディアに登場する豪華ゲストたちとともに、教育に関する様々な問題に対して、リアルで、明快で、納得いく解答を出していく教育教養プログラムです。無料公開動画もあります。ぜひアクセスしてご視聴ください。

https://nao-ito.com/

日本初の、新たな教育サービスを創造したい

また、私にはこれから始めたいプロジェクトがあります。それは、幼少期あるいは低学年からの知能育成を目的とする、今までの日本にはなかった新たな教育サービスの立ち上げです。

大学受験指導の現場にいてしばしば痛感するのは、年齢が長じてからではなく、幼少の頃から母国語リテラシーや学習習慣を身につけられる教育を受けていたなら、もっともっと大学受験で有利になったはずなのに！　というケースが多い現実です。

教育に対する投資は、幼少期に行うほうが効率がいいというのは、教育学の定説として確立しています。それを考えると、幼少期から適切な教育投資を行えば、子ども一人にかかる教育費の総額がおさえられることになります。

ましてや今の時代は共働き家庭が多く、平日の放課後から夜に至るまでの時間を子どもにどう過ごさせるか、お悩みの家庭がとても多くなっています。放課後の子どもを預

かってくれ、かつ、将来の大学受験、そして社会で活躍できるような高度な学力、特に母国語リテラシーを育めるような教育が、これからの社会で必要とされている！――私はそう思うのです。

そのような社会的課題を解決するために、私は今の大学受験指導の仕事を続けながら、同時に新しいプロジェクトに取りかかっていきたいと考えています。これから、先述の教育チャンネルで発表していきます。その折はぜひ、読者の皆様のご支持をお願いします。

教育による日本再興を!!

ここまでお読みいただきありがとうございました。

私は闇雲に危機感を煽りたいわけではありませんし、今の日本の政治をディスりたいわけでもありません。むしろ全くその逆です。私は日本が大好きで、これからを担っていく子どもたちのためにも、もっともっと良い国になってほしい、そのために微力ではあっても私にも何か役立てることがある、とそう信じてお話をさせていただきました。実際歴史を振り返ってみますと、日本という国は厳しい現実を受け入れて、危機感を抱いたときにこそ大きく成長・発展してきたように思います。ならば、今の日本のいいところばかりをクローズアップしてそこで満足していてはいけないという思いから、ときには辛辣とも受け取られるようなこともお話しさせていただきました。

でも、私は、日本の将来に対して悲観的な考えはもっていません。私たち一人ひとりが、地位や立場を問わず、勉強や自己研鑽に努め、少しでも優れた人間になろうと努力していけば、つまり教育に真剣に取り組めば、それは大きな力になって、国全体を根本から変えていけるはずだと確信しています。

人を育てるのは人でしかなく、自分を変えられるのは自分でしかありません。まずは皆で手を携え、心を合わせて、教育によって日本を再興してまいりましょう!

あとがき

自分の思いを文章の形にして、多くの方々にご覧いただく。こんな単純に見えることがどれほど多くの人の力を必要とするかを、このたび改めて思い知らされました。

この本を出版するキッカケを与えてくださったのは、私の英語学習の師の一人であり、すでに多数の著書をお持ちの横山カズ先生です。カズ先生は日本国内で英語を独学するという異色のキャリアながら、同時通訳者として、英語講師として、楽天グループ株式会社などの超大手企業での英語社内公用語化におけるスピーキング講師として、多彩な活動をされています。全国の教育現場での活動を通じてわが国の英語教育の現実に直面し、多様なメディアを通して創造的かつ具体的な回答を提示して来られました。カズ先生は、私と「母国語リテラシー」や「英語教育」といったテーマでずっとディスカッションを続けてきましたが、その過程で、自分の考えをぜひ世に問うよう私を激励し、IBCパブリッシングの浦社長につないでくださった、この本の恩人と言うべき方です。この場をお借りしてお礼申し上げたいです。

また、フリーライター・編集者の笹原風花さんにも感謝しています。笹原さんは塾業界誌『塾と教育』で私のインタビューをステキにまとめてくださったご縁で、初めての出版で戸惑う私に様々なサポートをくださいました。次から次へと溢れてくる私の考えを文章へと落とし込むには、笹原さんの助言と助力がなければとてもうまくいかなかったと思います。本当にありがとうございます。

もちろん、私の思いを形にしてくださった、浦社長をはじめとするＩＢＣパブリッシングの皆様、私をここまで育て上げ、今回の挑戦を快く認めてくださった**eisu group**山本千秋代表、監修に尽力してくれた**eisu**の岩倉淳氏に対しても、感謝の気持ちでいっぱいです。

でも、とりわけ大きな知恵と力を私に授けてくださったのは、私が直接指導してきた生徒たち、そして保護者様たちです。この本の内容をご一読くだされば、その多くが大学受験指導の現場から得られていることが直ちにお分かりいただけるでしょう。今の私を作ってくださったのは、まさにこの方たちです。いくら感謝してもしきれません！

この本を出版することで、教育を通じての日本の再興に少しでも役に立ち、私を支えてくださった人たちの恩に報いることができればと願っています。皆さん、本当にありがとうございました。

二〇二三年二月

伊藤　奈緒

伊藤奈緒

いとう なお：関西学院大学卒業。三重大学大学院地域イノベーション学研究科修了。三重県を基盤に展開する塾・予備校eisuのCOO（最高執行責任者）を務め、競争の激しい大学受験業界で第一線を走り続けている。大学受験指導専門家としての22年のキャリア、うちIT教育運営17年の経験、実業と並行して積み重ねてきた学術的研究、そして業界では珍しい女性リーダーとして広く世の注目を浴び、生徒・保護者様向けはもとより、様々な教育機関（学校・塾など）、さらには他業種において講演・研修活動も行っており、民間教育界のオピニオンリーダーの1人と目されている。

［監修］岩倉淳

いわくら じゅん：東京大学文科Ⅱ類に現役合格、同経済学部卒業。日本語リテラシーの本質理解と幅広い教養をもとに、国語（現代文・古典・小論文）の専門家として難関大学受験者を中心に数多くの大学受験生を指導。「伊藤奈緒の教育チャンネル」にコメンテイターとして出演。『受験を通して人生を学ぶ』（えいすう総研）執筆・監修。

［装幀］見増勇介（ym design）

［協力］横山カズ・笹原風花

【eisu group 公式WEBサイト】
https://www.eisu.co.jp/

【伊藤奈緒の教育チャンネル 公式WEBサイト】
https://nao-ito.com/

教育による日本再興論
教育は人と社会と国の未来を決する

2023年5月4日　初版第1刷発行

著　者　伊藤奈緒

発行者　浦　晋亮

発行所　IBCパブリッシング株式会社
〒162-0804　東京都新宿区中里町29番3号　菱秀神楽坂ビル
www.ibcpub.co.jp

印　刷　株式会社シナノパブリッシングプレス

ISBN 978-4-7946-0756-0